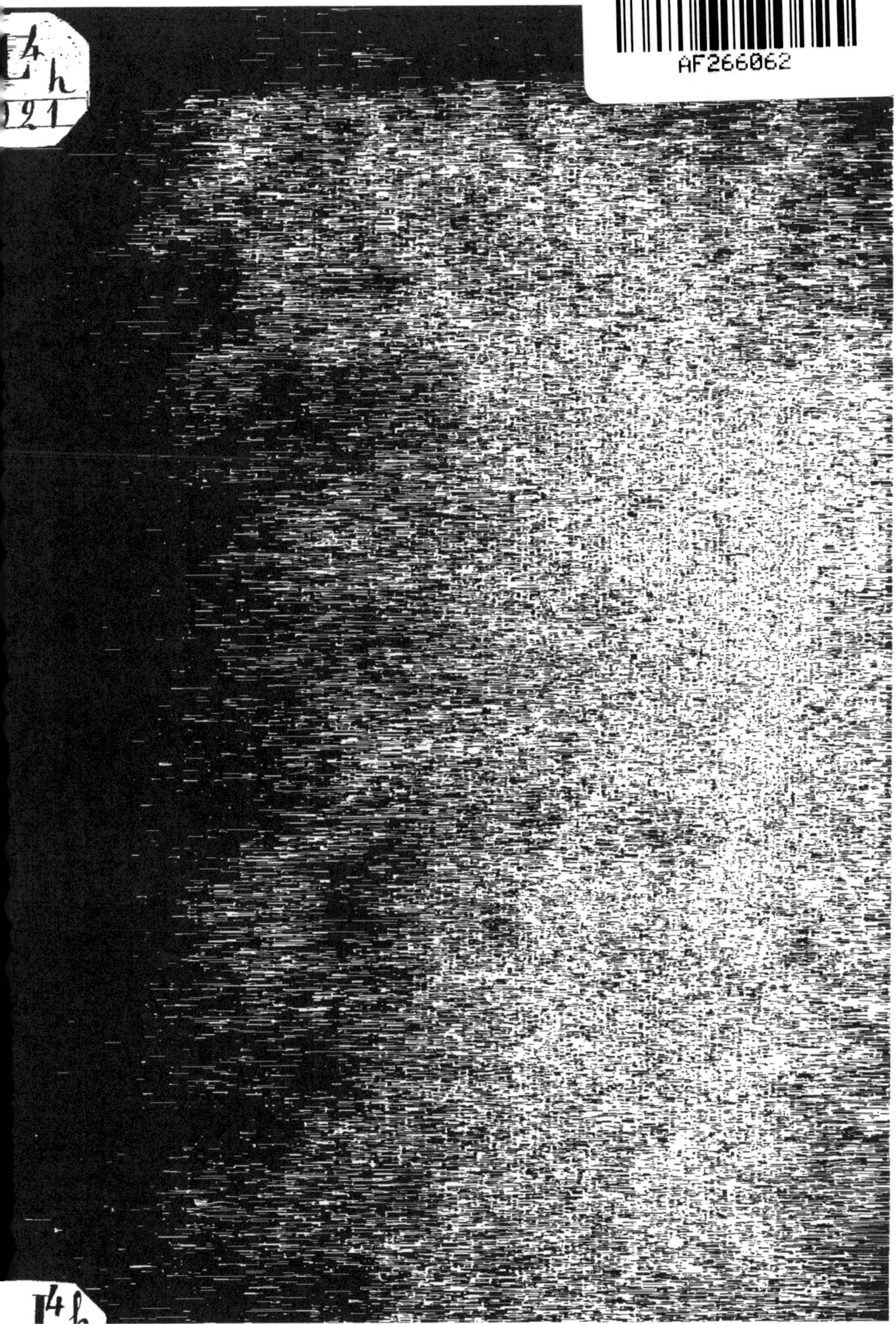

SOCIÉTÉ FRANÇAISE

DE

SECOURS AUX BLESSÉS MILITAIRES

DES ARMÉES DE TERRE ET DE MER

SOCIÉTÉ FRANÇAISE

DE

SECOURS AUX BLESSÉS MILITAIRES

DES ARMÉES DE TERRE ET DE MER

Séance générale du **28** Décembre **1871**

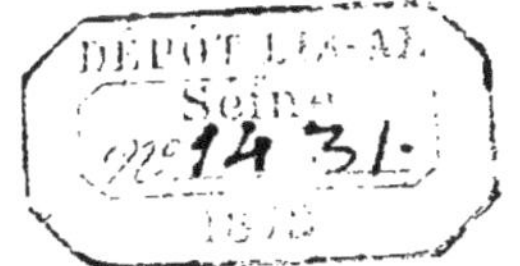

RAPPORT

PRÉSENTÉ AU NOM DU CONSEIL CENTRAL

PAR

M. LE VICOMTE DE MELUN

VICE-PRÉSIDENT DE LA SOCIÉTÉ.

PARIS

IMPRIMERIE ADRIEN LE CLERE

RUE CASSETTE, 29

—

1872

RAPPORT GÉNÉRAL

Sur les travaux de la Société française de secours aux blessés des armées de terre et de mer pendant la guerre de 1870-1871.

Fondée en 1864, à la suite et comme une des premières applications de la convention de Genève, la Société française de secours aux blessés militaires avait présenté à l'Exposition universelle de 1867 le matériel employé au secours des blessés et les perfectionnements introduits dans le service sanitaire pendant les guerres d'Allemagne et surtout d'Amérique, et réuni en conférence, sur les questions soulevées par le traité international, les représentants des comités des peuples qui l'avaient signé. En 1869 ses délégués assistaient au congrès de Berlin et promettaient son concours à celui de Vienne, fixé à l'année 1872. Enfin, en 1870, elle venait dans sa dernière assemblée générale, en prévision d'une longue paix, de s'occuper des moyens d'utiliser ses loisirs par l'étude théorique de l'assistance militaire, lorsque éclata la déclaration de guerre à l'Allemagne; son conseil était dispersé, son action suspendue, sa caisse et ses magasins à peu près vides.

Au premier cri de guerre, le bureau accourut ; le conseil, appelé par son président, se déclara en permanence, nomma un de ses vice-présidents délégué auprès des ministres de la guerre et de la marine et se mit à l'œuvre.

Une belle et difficile mission s'ouvrait devant lui : la Société, d'après ses statuts, devait accompagner de ses soins et de ses secours le blessé dans toutes les étapes douloureuses qu'il lui faut parcourir, depuis le moment où il tombe frappé sur le champ de bataille jusqu'à celui où il est rendu guéri ou convalescent à l'armée ou à sa famille, et, dans chacune de ses stations, réunir à son service toutes les puissances de la science, de la fortune et du dévouement.

Pour l'aider dans l'accomplissement de ces grands devoirs, la Société pouvait compter sur la charité de la France et sur la protection de la convention de Genève. Ce traité, signé par vingt-deux nations, avait fait entrer pour la première fois dans le droit des gens le salut des blessés; il ouvrait les champs de bataille à la société française comme à celles des autres peuples qui s'étaient placés sous ses lois; il lui promettait la liberté de se mouvoir librement, même à travers les lignes ennemies, l'inviolabilité de ses délégués et de ses auxiliaires, le respect des maisons où elle abriterait les blessés, et la faculté d'étendre ces immunités à tous ceux qu'elle s'affilierait.

La Société avait encore à espérer les secours des nations associées à elle par les liens de la mutualité, dans le même but et sous le même patronage.

Dès le premier jour l'appel du conseil est entendu. Le gouvernement met à sa disposition le palais de l'Industrie; une circulaire du ministre de l'intérieur recommande son œuvre à tous les fonctionnaires; les trésoriers généraux sont autorisés à recevoir les souscriptions qui lui sont destinées. La presse lui offre sa publicité, les chemins de fer réduisent de trois quarts leurs tarifs pour ses envois et le voyage de ses délégués; les institutions publiques, les compagnies financières et industrielles s'inscrivent chez son trésorier pour des sommes considérables; les simples particuliers lui apportent des dons magnifiques, le pauvre lui-même veut devenir son souscripteur. D'énormes ballots arrivent à ses magasins par toutes les voies et de toutes les parties du monde, pendant que des quêtes se font, en son nom, dans toutes les églises, que des conférences s'organisent pour la faire connaître, que des concerts, des pièces de théâtre se donnent à son bénéfice, et que des troncs apposés dans tous les grands établissements et presque à chaque boutique de Paris sollicitent pour les blessés et s'emplissent chaque jour de l'aumône des passants. En même temps tous les âges, tous les sexes, toutes les conditions, se pressent à la porte du palais de l'Industrie pour offrir mieux que de l'or; on demande à accompagner les envois, à porter au loin les instructions et les secours, à aider le conseil dans le maniement de ses affaires, dans les nombreux détails de son administration; on sollicite surtout l'honneur de soigner les blessés: prêtres, médecins, hommes de loisir et de travail se présentent ou écrivent de tous les départements pour aller sur les champs de bataille; religieuses, femmes du monde, et jusqu'à l'ouvrière qui n'a pour vivre que sa journée, réclament une place dans les ambulances ou les hôpitaux, et ce premier élan ne se ralentira pas, les ressources et les dévouements croîtront avec les malheurs.

Mais à côté de ces appuis, la Société rencontre de sérieuses contradictions : l'ignorance de ses statuts, ses attributions mal comprises, firent d'abord méconnaître son caractère essentiellement français ; le peuple et beaucoup d'hommes qui auraient dû être plus éclairés, l'accusèrent, en raison de ses relations avec les comités des autres pays, de recueillir l'argent et les secours pour les partager avec les Allemands. On confondit le principe, reconnu par toutes les nations civilisées et introduit dans le droit public par la convention de Genève, que tout blessé cesse d'être un ennemi et doit être soigné comme un compagnon d'armes, avec l'obligation qui n'a jamais été imposée à aucun peuple belligérant de faire une part à son adversaire des dons recueillis pour ses soldats.

La guerre s'est chargée trop tôt de justifier les principes de la convention et les statuts de la Société. Devant un ennemi resté trop souvent maître du champ de bataille et en possession de ses blessés et des nôtres, on apprit à qui profiteraient le plus l'égalité des soins envers tous et les prescriptions de l'assistance internationale.

Une difficulté plus directe et plus pratique menaçait encore la Société dans son action quotidienne. L'État, représenté par les chefs de l'armée, est le maître absolu du soldat ; celui-ci, sous la tente de l'ambulance, dans le lit de l'hôpital comme à la caserne et devant l'ennemi, ne cesse de lui appartenir; qu'il soit blessé ou sous les armes, personne n'a droit de s'en occuper sans la permission et en dehors de l'autorité militaire. Jusqu'ici l'intendance était seule chargée de la direction des ambulances et des hôpitaux de l'armée : c'était pour la première fois qu'elle rencontrait sur son terrain une institution libre, qu'elle connaissait à peine et qui venait introduire, à travers ses habitudes et son autorité, une action qui lui était étrangère. Au premier moment cette action fut accueillie avec faveur et bienveillance par les commandants en chef et les intendants généraux : du haut de leur position ils prévirent l'utilité et la convenance de ce nouveau concours; mais la Société fut moins bienvenue aux yeux de ceux dont elle allait partager les travaux : elle leur parut accuser l'insuffisance et l'imperfection de leur administration. Les événements se chargèrent encore d'écarter les défiances : les relations, en se multipliant, devinrent plus cordiales ; l'administration, à ses différents degrés, reconnut que, dans l'immense travail imposé par la guerre, la Société lui apportait non des rivaux, mais des associés et des auxiliaires, et le gouvernement apprit à tous ses fonctionnaires le cas qu'il faisait de l'œuvre, en la chargeant des missions les plus importantes et les plus délicates. Trop tôt d'ailleurs les besoins devinrent assez grands pour ne refuser aucun secours. Déjà au camp de Châlons, on ne tolérait pas seulement, on réclamait les ambulances de la Société, et elle n'avait plus assez de médecins et d'infirmiers le lendemain de la capitulation de Sedan.

Le premier soin du conseil central fut de s'adjoindre de nouveaux collègues capables de remplacer le grand nombre de ceux que la guerre avait rappelés sous les drapeaux ; il se partagea en autant de sections qu'il avait de travaux différents : le service médical, les finances, les relations avec les nations étrangères, les rapports avec les départements, la correspondance entre les blessés et leurs familles, la direction du matériel, le choix et l'envoi des livres aux convalescents. Chacun de ces services eut sa commission spéciale ; à chaque commission fut attaché un bureau pour les détails et l'exécution des affaires : un personnel nombreux d'hommes de bonne volonté fut prêt à toute heure à s'élancer au premier signal, partout où la main et l'influence de la Société devaient se faire sentir. Le comité des dames se chargea d'écrire, de demander à toute la France ; il donna des directrices et des ouvrières aux magasins et plus tard des surveillantes et des infirmières aux ambulances sédentaires.

Le palais de l'Industrie.

La mise en œuvre de tous ces éléments fait bientôt du siége de la Société le centre d'un immense mouvement. Au rez-de-chaussée du palais de l'Industrie s'entassent les unes sur les autres des pyramides de colis, de caisses, de ballots de toutes formes et de toute nature, renfermant ce qui peut servir à nourrir, à vêtir, à guérir un malade. La direction de la lingerie met l'ordre dans le chaos, arrange, emballe la charpie, le linge, les draps, les couvertures, que les voitures et les chevaux de la Société transportent aux gares des chemins de fer ou à la suite des ambulances. Au premier, se tiennent les séances du conseil, la caisse, les bureaux, la bibliothèque et les nombreuses commissions; dans les corridors et les antichambres se pressent une foule de solliciteurs dont l'un demande à verser son argent, l'autre une place gratuite au travail ou au danger, celui-ci un blessé à recevoir et à nourrir, celui-là à conduire lui-même les chevaux qu'il a donnés. Des prêtres qui ne peuvent partir comme aumôniers veulent prendre le sac de l'infirmier, des jeunes gens sont heureux d'échanger leur vie de salon, de chasse et de plaisir contre les occupations d'un homme de bureau ou les fatigues d'un courrier. Quelques-uns plus tristes s'inquiètent si aucune nouvelle n'est venue d'un parent, d'un ami, qui était à Sedan ou à l'armée de Metz, et dont déjà depuis longtemps on n'a plus entendu parler, ou apportent la lettre et la petite somme qui doivent rappeler au prisonnier qu'il n'est pas oublié des siens. Au-dessus, dans ces vastes salles pleines d'air et de lumière, consacrées autrefois aux tableaux, se prépare une grande ambulance à laquelle rien ne manquera de ce qui est nécessaire au traitement et à la guérison, pendant que de temps en temps, dans le jardin vitré où quelques jours auparavant les statues se dressaient au milieu des fleurs, des fusils en faisceaux, des canons, avec leurs boulets, semblent vouloir rapprocher l'arme qui fait la blessure de la main qui la guérit.

De ce palais si bien rempli partent, à toute heure, des convois allant ravitailler des villes et des comités visités par la guerre; des hommes dévoués qui les accompagnent pour veiller à leurs distributions et empêcher que, dans la terrible confusion des hommes et des choses, l'envoi ne s'égare dans de fausses directions ou ne s'arrête perdu au fond d'une gare; des délégués pourvus de sommes considérables, munis de pleins pouvoirs pour constater les besoins, organiser les secours, et cette multitude de circulaires, d'instructions et de lettres qui, adressées à toutes les parties du globe, excitent partout les bonnes volontés, les félicitent ou les remercient.

Dès les premiers jours, le conseil expédia des secours en argent et en nature à Forbach, à Wissembourg, à Metz, envoya des médecins à Lunéville et un nombreux matériel à Châlons, où se reformait l'armée. Les mobiles parisiens reçurent du linge et des médicaments. Plusieurs des membres de la Société parcoururent l'Alsace au moment où elle recevait le choc de l'ennemi et assistèrent aux premières batailles. De longs jours se passèrent sans aucune révélation de leur sort; le conseil s'en inquiétait lorsqu'une lettre ou un soldat échappé à grand'peine à la vigilance ennemie venait lui apprendre que son représentant, prisonnier volontaire, était auprès des blessés restés entre les mains des vainqueurs, et par sa présence et par ses soins rendait le courage à ces soldats exilés sur le sol même de la patrie.

Bientôt les blessés furent dirigés vers l'intérieur de la France : les premiers arrivèrent à Paris le 21 août 1870. L'empressement fut extrême pour les accueillir, il fallut en quelque sorte les protéger contre cet excès d'hospitalité. Dans le désir d'être utile aux autres et quelquefois à soi-même, on offrait des mobiliers imparfaits, des pièces malsaines et de nature à rendre la guérison plus lente et plus difficile. Le conseil fit visiter toutes les maisons que l'on proposait et n'accepta que celles qui réunissaient les conditions d'un bon gîte et d'un bon-traitement. Il eut aussi à se défendre contre des sollicitations qui allaient chaque jour en se multipliant; ses insignes, d'abord inconnus et presque dédaignés, furent bientôt appréciés au delà même de leur puissance : chacun voulut un drapeau à la croix rouge pour protéger sa maison, un brassard pour protéger sa personne. Le conseil décida que le brassard ne serait accordé qu'à celui qui, dans le service sanitaire, pouvait se trouver en contact avec l'ennemi ; le don de chaque brassard dut être accompagné d'une carte portant le nom de celui qui le recevait, la signature du président du conseil et du délégué auprès des ministres ; les présidents des comités sectionnaires reçurent le pouvoir de délivrer le brassard et la carte sous leur responsabilité. Ces sages prescriptions ne furent pas toujours observées; à l'approche de l'ennemi tout le monde demanda le brassard, toutes les autorités se crurent en droit de le donner, et à leur défaut beaucoup se le donnèrent eux-mêmes. Le gouvernement s'en plaignit; la Société multiplia ses instructions et ses défenses, mais sa voix ne fut pas toujours écoutée, et l'ennemi s'arma plus d'une fois de ces usurpations pour ne pas respecter le brassard dans la personne de ceux qui avaient le droit de le porter.

Ambulances de gare.

Avant d'arriver au but de son voyage, le blessé avait encore une course pénible à faire : placé dans des convois encombrés, dans des wagons de troisième classe ou de marchandises, sans médecin, sans médicaments, quelquefois même sans pain, il descendait à grand'peine à la station où il devait s'arrêter; meurtri, af-

faimé, ses blessures ravivées par le mouvement et la fatigue, il n'a-
vait plus la force de supporter le court trajet qui lui restait à faire
entre la gare et l'hôpital, et souvent personne n'était là pour lui
dire où il trouverait un asile. Secondé par la direction des chemins de fer, le conseil organisa dans les gares de Paris des ambulances de passage : là des médecins, des frères devenus
infirmiers, attendaient le blessé à la descente des wagons ;
un lit, une table, une pharmacie, étaient à sa disposition.
Après le pansement, la réfection et le repos, des voitures
aux allures douces le transportaient à l'hospice ou à la maison
désignée pour le recevoir. Les ambulances de gare ne tardèrent
pas à se propager. Une convention passée avec l'intendance
établit qu'à chaque station où devaient s'arrêter les blessés, un
médecin envoyé par la Société et commissionné par le ministre
de la guerre serait chargé de provoquer et de diriger l'organisation d'une ambulance de passage, pourvue de tout ce qui serait
nécessaire au ravitaillement, de recueillir la liste des établissements hospitaliers et des lits offerts et de veiller à la répartition
des blessés. Les incidents de la guerre, l'interruption des communications, n'ont pas toujours permis l'application régulière
de cette convention ; mais l'impulsion et l'exemple étaient
donnés et les principales stations, sur presque toutes les lignes,
ont eu leur ambulance de gare.

Bureau de renseignements.

Rien n'est plus triste que l'incertitude et l'obscurité qui suivent
les longs voyages et les séparations ; mais l'inquiétude est bien
plus grande encore lorsque la vie, la santé, la liberté de celui
qui est loin de nous, dépendent d'une rencontre et d'un accident
de tous les jours. L'anxiété devint immense quand tomba comme
la foudre l'annonce des premiers résultats de nos sanglantes
luttes, et que bientôt l'on sut une armée tout entière prisonnière
à Sedan, une autre enfermée dans Metz. A ces terribles nouvelles
succédèrent quelques jours d'un silence qui parut bien long, et
qu'interrompaient seulement des bruits sinistres et de funèbres
rapports. Le bureau de renseignements de la Société s'empressa
de demander au commerce, à l'industrie, ce que la poste ne pouvait plus faire : l'intervention des correspondants d'Allemagne,
les agences de la Suisse et de la Belgique, rompirent le mur de
séparation ; avec leur aide le bureau parvint à découvrir dans les

villes les plus lointaines d'Allemagne des soldats dont on avait perdu la trace, et même appris la mort; il se fit l'intermédiaire entre les prisonniers et leurs familles, leur transmit de l'argent, des vêtements, des lettres, et rapporta à des parents leurs réponses impatiemment attendues.

Dans cette circulation sans cesse troublée par les événements, plus d'une petite somme se perdit en route : la Société ne voulut pas imposer ces pertes aux familles des soldats; 6000 francs ont été votés pour leur restituer l'argent qui n'était pas parvenu à son adresse.

Le bureau étendit sa sollicitude et ses enquêtes aux hôpitaux français, où plus d'un blessé se trouvait perdu et ignoré dans la foule des alités. Le lendemain du jour où arrivaient à Paris les premiers blessés, huit membres de la Société visitaient les trois hôpitaux sur lesquels ils avaient été dirigés, parlaient à chacun d'eux, prenaient leur nom, le numéro de leur régiment, l'adresse de leurs parents, l'indication de leurs blessures. Ces renseignements, relevés sur une carte avec quelques mots tracés par le blessé, dont au besoin le délégué se faisait le secrétaire, partaient le soir même pour les familles. Les cartes empruntées à l'Allemagne, dont elle permit elle-même la circulation et que reçut gratuitement la poste française, furent bientôt adoptées par un grand nombre de comités français.

Instruit des misères inséparables de la captivité, le conseil vota 50,000 fr. pour prêter de petites sommes aux officiers que la guerre avait dépouillés de toutes leurs ressources. De nombreux convois, voyageant gratuitement à travers la Belgique et même l'Allemagne, apportèrent aux camps, aux hôpitaux, aux lazarets, les vêtements chauds qui surtout faisaient défaut, et le soulagement des prisonniers ne tarda pas à devenir en France une grande préoccupation et une grande œuvre. Son rapide développement et la crainte de franchir les limites imposées par la convention de Genève, qui ne s'applique qu'aux blessés, détacha cette œuvre du tronc dont elle était sortie ; mais elle continua à marcher sous la protection de la croix rouge, qui seule put lui ouvrir les portes qu'elle avait besoin de franchir. Fille de la Société de secours aux blessés, l'œuvre des prisonniers, animée du même esprit, composée presque toujours des mêmes membres, se rencontra avec elle sur les mêmes chemins; les deux œuvres distinctes en théorie avaient peine à ne pas se confondre dans la pratique : presque tous nos comités réservèrent aux prisonniers une part de leurs dons, les agences étrangères ne les

séparèrent pas des blessés; la captivité n'était-elle pas en effet la
plus triste et la plus douloureuse des blessures?

Comité départemental.

Au début de la guerre, dix comités sectionnaires étaient seuls
affiliés au conseil central, et plusieurs n'existaient que sur le
papier. Par les circulaires, les instructions et une correspondance
active et suivie, le comité départemental provoqua la création de
près de 300 comités; 110 étaient en voie de formation, lorsque
le siége de Paris interrompit ses travaux, mais les semences qu'il
avait jetées germèrent, et ceux qui vinrent continuer son œuvre
trouvèrent le sol bien préparé. Les principes qu'il avait pro-
clamés devinrent la base sur laquelle la Société s'établit solide-
ment en province : le respect de l'indépendance des comités et
le maintien des liens qui les unissent au centre; l'interprétation
des statuts et des règlements dans le sens le plus large et le plus
favorable à leur action; une grande liberté pour l'emploi de leurs
ressources, lorsqu'ils se trouvent en présence ou dans le voisi-
nage de l'ennemi; le jour où cessent les situations extraordinaires et les circonstances d'exceptions, le retour à l'observation
stricte du texte des statuts, àussi bien pour la part à envoyer à la
caisse générale que pour toutes les autres conditions auxquelles
sont attachés les priviléges de l'affiliation.

Comité international.

La section des relations internationales ne négligea rien pour
faire produire tous ses fruits à la convention de Genève; sa correspondance avec les comités étrangers, les réponses qu'elle en
reçut témoignèrent des dispositions que les faits allaient affirmer
de la manière la plus éclatante; le comité prussien lui-même se
déclara prêt à remplir les devoirs de la mutualité, et régla avec
elle les conditions de la délivrance des cartes qui devaient accompagner les brassards et leur donner leur valeur aux yeux des
nations belligérantes.

Ambulances de campagne.

Le plus grand travail des premiers jours fut l'organisation des ambulances de campagne par le comité médical. Celui-là ne sait rien des horreurs de la guerre qui n'a pas vu un champ de bataille quelques heures après l'action, et n'a pas suivi à la trace de leur sang les victimes qui y ont été frappées. Tant que dure le combat, le bruit du canon, le mouvement des troupes, l'agitation de la lutte comme la poussière qu'elle soulève, et les nuages qui s'échappent de la poudre enflammée, dérobent ceux qui tombent à la vue et à la pensée ; pendant que ces masses n'ont qu'un but : repousser l'ennemi et lui envoyer les blessures ou la mort, à quelques pas de là il y a des hommes qui ne se battent pas, quoique souvent exposés aux mêmes coups ; eux aussi ont le fer à la main, les vêtements et les membres ensanglantés, mais ils ne font couler le sang que pour ranimer la vie prête à s'éteindre. Ce sont les médecins attachés au service sanitaire de l'armée. Le plus souvent leur zèle ne saurait suffire à leur tâche, et d'ailleurs, dans ces grands chocs où les soldats tombent par milliers, un petit nombre de blessés peut être, pendant l'action, enlevé des champs de bataille ; dès qu'elle a cessé, le mouvement des armées entraîne trop souvent à leur suite tous les services de secours. Alors sur cette terre, tout à l'heure si bruyante et si animée, descendent l'immobilité et le silence, qu'interrompent seulement les gémissements des blessés, le râle de leur agonie et le pas sourd des maraudeurs qui viennent dépouiller les morts. Si la charité n'accourt pas avec ses ouvriers infatigables, les morts restent sans sépulture et les blessés sans secours ; après même que le blessé a été découvert, relevé et transporté sous la tente de l'ambulance volante où il reçoit les premiers secours, il lui reste à subir le terrible voyage de l'évacuation ; cahotés la plupart du temps dans des voitures non suspendues, par des chemins fangeux, arrêtés par les convois et les services d'une armée en marche ou en retraite, qui ne laisse aucune ressource après elle, pour peu que la bataille ait été disputée et meurtrière, les premiers blessés ont bientôt rempli les hôpitaux des environs ; les autres sont semés sur la route dans toute place ouverte : sous une halle, dans une église, dans une grange, où ils attendent, entre des mourants et des morts, le médecin qui pansera leurs blessures gangrenées, ou seulement la goutte d'eau dont ont si grand'soif leurs lèvres desséchées; pour beaucoup l'eau et le médecin arrivent trop tard. L'ambulance de campagne, qui pour la première fois en France était organisée par une société libre, fait arriver aux blessés jusque sur le champ de bataille le cordial qui le ranime, l'infirmier qui le relève, les soins du médecin, les paroles et les consolations de l'aumônier; à quelques pas de l'action elle dresse sa tente, où se font les opérations urgentes et les premiers pansements, elle a des voitures qui conduisent les blessés aux établissements et aux maisons hospitalières, et au besoin elle devient elle-même l'hôpital où ils s'arrêtent pour hâter leur convalescence et achever leur guérison.

Le Comité médical organisa dans l'espace d'un mois dix-sept ambulances de campagne; la première quittait le 4 août le palais de l'Industrie : elle se composait de quatre-vingt-dix-sept personnes avec vingt-sept chevaux et sept voitures, les unes chargées de vivres et d'objets de campement, de pansement, les autres disposées pour le transport des blessés. L'expérience prouva bientôt les inconvénients d'un personnel et d'un matériel si considérables; après les premiers départs, les ambulances qui suivirent furent plus légères et moins coûteuses : elles ne comptèrent qu'une cinquantaine de personnes, deux voitures portant quatre ou cinq tentes pouvant abriter vingt lits, des vivres, du vin, des fourrages pour huit jours et un fourgon renfermant de la charpie, du linge, des instruments de chirurgie et une pharmacie de campagne.

Les ambulances durent se constituer avec d'autant plus de rapidité que les premières batailles avaient fait tomber aux mains des ennemis le service sanitaire attaché par l'administration de la guerre aux corps qui avaient combattu. Par ignorance ou mépris de la convention de Genève, aucun chirurgien militaire de l'armée n'avait pris le brassard : tous avaient été faits prisonniers avec leurs blessés, leur matériel avait été confisqué, et l'armée que l'on formait à Châlons réclamait pour chacune de ses divisions une ambulance de la Société; elles furent dirigées vers les frontières de l'Est, où allait se décider le sort de la France. Parmi ces ambulances quatre étrangères étaient venues s'organiser à Paris, sous la direction de la Société française : la Suisse, la Néerlandaise, l'Anglo-Américaine et la Belge. Pendant toute la campagne elles se montrèrent dignes et des nations qui les avaient envoyées et de celle qu'elles venaient si généreusement secourir.

On se rappelle quel enthousiasme et quelle émotion saluèrent toutes ces ambulances, lorsque, quittant le palais de l'Industrie, elles traversèrent Paris et suivirent les boulevards pour gagner le chemin de fer de l'Est ou celui du Nord ; les vœux, les remercîments de tous accompagnaient ces hommes de paix qui, à l'ombre de la croix et au prix de leur vie, venaient apporter la compassion et le soulagement dans la région de l'impitoyable guerre ! Parmi cette foule sympathique et attendrie, combien pensaient à ceux qui les avaient quittés, il y avait peu de jours, par le même chemin, pour le même voyage, mais avec d'autres pensées et d'autres devoirs, et qui bientôt peut-être auraient besoin de ces prêtres, de ces médecins, de ces infirmiers, dont on acclamait le départ.

La première ambulance partie pour Metz arrivait le 14 août à Borny, au moment même où commençait la bataille. Elle paya sa première dette à la guerre par la mort d'un de ses infirmiers, emporté par un boulet de canon en relevant un blessé. Le 18 elle était à Gravelotte ; le lendemain, sur l'ordre du commandant en chef, elle ramena à Metz les blessés qu'elle avait recueillis et s'enferma avec eux dans cette ville, dont elle partagea les privations et contribua à diminuer les souffrances.

La seconde, celle dont la presse avait fait les frais et dont elle a depuis redemandé le prix, pour l'employer aux ambulances de Paris pendant le siége, prit aussi le chemin de Metz ; dès ses premiers pas elle tomba dans les lignes prussiennes. L'ennemi, lisant sur son drapeau son titre d'ambulance de la Presse, non-seulement la traita en prisonnière de guerre, mais comme un bataillon de journalistes qui, sous la protection de la croix rouge, venait répandre parmi les troupes allemandes son venin démocratique et français. La rencontre du roi de Prusse lui permit de réclamer l'exécution de la convention de Genève ; mais elle ne put obtenir d'aller à Metz : on lui permit seulement de retourner en France par l'Allemagne et la Belgique. Elle remonta jusqu'à Cologne ce fleuve immense d'hommes qui ressemblait moins à une armée qu'à une nation tout entière, marchant dans la confiance de sa force et de sa discipline à la conquête de son imprévoyante voisine. De la Belgique, l'ambulance se hâta d'atteindre Sedan, où le désastre de notre armée venait de donner rendez-vous à toutes les formes du secours.

Ce n'était pas sans grande peine et sans nombreux incidents que les autres ambulances y étaient arrivées. Sans cesse retardées par la rupture des chemins de fer, par les manœuvres des armées qui s'approchaient, mêlées à tous les embarras, à toutes les incertitudes des marches militaires, plusieurs avaient eu leur place dans les surprises et les sanglants préliminaires de la catastrophe. Toutes s'arrêtèrent auprès de cette multitude de blessés, d'exténués, de malades, seul reste d'une grande armée échappé à la captivité ou à la mort. Des rapports spéciaux présentés par leurs chefs disent les chemins qu'elles ont parcourus, le nombre des blessés et des malades qu'elles ont soulagés et guéris, leurs dangers, leurs dépenses et ce que la science a tiré de leur longue et laborieuse campagne. Pendant plus d'un mois, à Sedan et à dix lieues à l'entour, soutenus, encouragés par le comité local, les représentants de la Société, les uns sous la tente, les autres dans les maisons de la ville et des villages, ont disputé cette masse innombrable à l'irritation de leurs blessures, au typhus, à la variole, à la pourriture d'hôpital. Après de longues courses, de longues stations auprès du lit des malades, il leur fallait aller défendre les intérêts de la population contre les exigences du vainqueur, maintenir leurs propres droits et leur dignité devant la force triomphante, et, n'ayant pas assez de pain et de temps à donner à leurs blessés, en trouver encore pour nourrir, pour soigner les malheureux habitants, victimes de la contagion, brisés par le choc de deux peuples, et dont beaucoup s'étaient dépouillés du peu qui leur restait en faveur de soldats plus malheureux encore. Aux difficultés du traitement vinrent se joindre celles de l'évacuation. Chaque chef dut à grand'peine se procurer des charrettes, les conduire lui et ses aides, sans cesse retardés ou détournés du droit chemin par le caprice d'un commandant ou d'un sergent prussien, et faire supporter à des hommes incapables de se tenir debout des souffrances et des privations qui remettaient en question tous les progrès de leur guérison.

Le moment vint où Sedan, sur lequel avaient été si justement concentrés tous les secours, n'eut plus besoin d'ambulances ; les plus gravement atteints qu'on avait pu sauver étaient rendus à la France, on emmenait prisonniers en Allemagne les blessés encore capables de servir. Les médecins en chef, confiant les quelques malades qu'il n'était pas possible de transporter à un hôpital voisin ou à quelqu'un de leurs collègues décidé à les soigner jusqu'à la fin, songèrent à se diriger du côté où s'était reportée la guerre. Par suite de l'investissement de Paris, toute relation avait cessé avec le conseil central. Une commission constituée à Bruxelles était chargée spécialement de le représenter auprès des ambulances de l'Est ; elle intervint avec autant de résolution que de prudence et, sous la prévision des charges énormes qui devaient peser sur la Société et qu'affirmaient

toutes les correspondances, elle décida le licenciement des infirmiers et la reconstitution des ambulances sur de nouvelles bases.
L'expérience avait appris qu'il était plus facile et plus sûr de
choisir pour infirmiers les habitants du pays ou les soldats guéris
dont on avait reconnu l'aptitude ; le licenciement s'opéra sans
difficultés, on ne conserva que les hommes qui avaient montré
dans le service une vocation véritable. Plusieurs ambulances
avaient pris les devants et étaient en route vers les armées qui se
levaient pour marcher au secours de Paris; l'une d'elles s'était
rendue à Thionville, dans l'espérance de gagner Metz où elle ne
put entrer qu'après la capitulation; quatre furent reconstituées
par les soins de la délégation de Bruxelles à l'aide d'un don de
100,000 francs offert par le comité anglais. Dans cette nouvelle
organisation, le personnel et le matériel étaient très-restreints;
l'ambulance fut divisée en sections, dont chacune pouvait se
détacher des autres et opérer à part; ce qui donna plus de facilité dans les mouvements, une action plus rapide et plus étendue,
et une notable économie. Deux des ambulances reconstituées se
dirigèrent vers l'armée du Nord, deux vers l'armée de la Loire,
où se trouvaient déjà celles qui les avaient devancées; plus tard,
quelques-unes s'attachèrent à l'armée qui tenta la délivrance de
Belfort. Une seule parvint à regagner Paris, fut mêlée aux incidents de sa défense, reçut des blessés à Arcueil, à Vitry, sous les
obus qui incendiaient Saint-Denis, et arrêta dans son germe le
typhus dont elle reconnut et signala les premiers symptômes.

La Société par ses ambulances embrassa l'immense réseau
qui s'étendait du nord à l'ouest et fut à même de porter secours à cette ligne de 500,000 soldats qui devait se briser contre
des lignes plus fortes et plus nombreuses encore. Dans cette seconde campagne, les ambulances de Paris ne sont pas seules;
elles rencontrent partageant les mêmes dangers, remplissant
avec un égal dévouement les mêmes devoirs, les ambulances envoyées par les départements : la Bourbonnaise, celle du Midi
formée par l'association de Marseille et de Montpellier, celles de
Saône-et-Loire, du Calvados, de l'Anjou, de Saint-Omer, de Strasbourg, les trois de Lyon, la Girondine dont le chef M. Luze meurt
victime de son dévouement, et mille autres soutenant l'honneur
des régions dont elles portent le nom.

A mesure que s'approche l'ennemi, des hommes de bonne
volonté se lèvent, se groupent, courent aux armées avec un tel
empressement qu'on se plaint quelquefois de la multitude des
ambulances; cependant, après chaque bataille, beaucoup de

blessés attendent le secours, ceux-là ne trouvent jamais qu'il y a trop de médecins pour les panser.

Comme dans la première campagne, la lutte fut terrible contre les blessures, les maladies contagieuses et la faim ; on eut de plus qu'à Sedan le froid de l'hiver et la fréquence des combats. Les soldats de la charité accourent au premier coup de canon, passent de longues journées sur les champs de bataille, parcourent les bois, les villages, pour y découvrir les blessés, les installent là où ils peuvent, quelquefois dans des plaines couvertes de neige, les emportent devant l'invasion, et, quand le temps manque aux transports, restent prisonniers avec eux dans les lignes ennemies. Obligés souvent de se disperser sur une vaste étendue de pays pour répondre à tous les appels et suffire à tous les besoins, ils assistent, dans le Nord, aux batailles d'Amiens, de Bapaume, de Pont-Noyelle, de Saint-Quentin ; ils sont, avec l'armée de la Loire, à Bacon, à Arthenay, à Coulmiers, aux deux combats d'Orléans, à Cercottes, à Beaugency ; avec l'armée de l'Est à Villerssexel, à Lure, et jusqu'au passage en Suisse, dernier épisode de cette douloureuse campagne.

On les retrouve dans les hôpitaux de Tours, de Blois et du Mans, que leur disputent les ennemis. Un jour, ils luttent pour interdire aux envahisseurs l'entrée et la spoliation de leur hospice improvisé ; le lendemain, avec l'aide d'un officier français, ils arrachent des blessés allemands à la fureur d'une population exaspérée ; ils passent par les alternatives de la malveillance et du bon accueil, tour à tour repoussés comme des espions ou des uhlans et acclamés comme des sauveurs, mais toujours infatigables auprès des malades, sans se laisser décourager ni par les menaces des Prussiens ni par les défiances des Français, ni par l'obus qui éclate sur leur fragile abri, ni par le froid qui gèle leurs doigts au milieu de leurs opérations, jusqu'au moment où l'armistice et bientôt la paix rendent les ambulances aux pays qui les ont envoyées, et ramènent au siége de la Société ces vaillants ouvriers qui ont si bien travaillé pour elle.

De graves reproches contre le personnel des ambulances sont venus des pays où elles ont longtemps séjourné ; beaucoup d'infirmiers ont dû être renvoyés : les nécessités d'un rapide départ les avaient fait recruter trop vite, ils avaient les défauts et quelquefois les vices des hommes qu'on n'a pas eu le temps de choisir ; mais, sans compter ceux qui sont morts ou ont été blessés à leur poste, plusieurs ont suivi l'exemple de ces admirables frères qui, à Paris et dans toute la France, quittaient leur école pour les champs de bataille ou donnaient le jour à leurs classes et la nuit à l'hôpital.

Les accusations n'ont pas été épargnées aux médecins : on a critiqué surtout la manière dont ils employaient leurs loisirs. Dans l'intervalle entre deux campagnes, lorsque, ne pouvant rentrer à Paris, ils étaient encore éloignés de nouveaux combats, quelques-uns, les plus jeunes sans doute, ont pu étonner du bruit et de l'éclat de leurs distractions des populations tout entières au deuil et à la tristesse ; mais jamais leurs blessés ne leur ont reproché d'avoir sacrifié le devoir au plaisir ; ils n'en ont reçu que des témoignages de reconnaissance. Au dire des municipalités et des chefs de corps, ils ne reculent devant aucune fatigue, aucun travail, quand il s'agit des intérêts qui leur sont confiés ; ils se font brancardiers, bouchers, boulangers, pour que les blessés ne restent pas à terre et qu'ils aient de la viande et du pain. Un délégué qui a parcouru tout le pays livré à la guerre et les a vus à l'œuvre, rapporte que dans les moments de fatigues et de privations ils ne se mettaient à table qu'après que leurs malades avaient mangé, ils ne songeaient au repos que lorsque ceux-ci étaient endormis. Plus d'un, à la fin d'une journée de travail incessant, est resté debout toute la nuit, parce qu'un de ses blessés était plus mal et pouvait avoir besoin de lui.

Délégations et comités sectionnaires.

Au commencement des hostilités, les anciens comités sectionnaires et ceux qui venaient de se faire affilier, à l'instigation du comité départemental, avaient d'abord travaillé avec zèle à la fortune de la Société. Par leur initiative, des quêtes avaient été faites jusque dans les plus petites communes, et, malgré la concurrence des commissions administratives instituées par le ministre de l'intérieur, et des souscriptions ouvertes par la Société de la presse en faveur de ses œuvres spéciales, les comités et les villes avaient envoyé, avec une grande libéralité, de l'argent et des dons en nature à la caisse centrale et aux magasins généraux. En voyant la guerre se rapprocher et menacer de s'étendre en France, les comités comprirent qu'ils avaient encore autre chose à faire, et la plupart passèrent à l'action.

Au moment des batailles de Wissembourg et de Reischoffen, des lits et des secours furent préparés dans tous les pays et par les soins des comités voisins; pendant que des médecins et des délégués de Paris allaient au secours de l'Est, le comité de Lyon envoyait son secrétaire général porter de l'argent et un nombreux matériel à cette région épuisée. Bientôt l'organisation et le développement des comités reçurent une puissante impulsion de l'arrivée des délégués régionaux.

Le conseil central, à la veille de l'investissement de Paris, refusa d'abandonner la ville où sa présence allait devenir si nécessaire; mais, n'oubliant pas que ses ressources lui venaient de toutes les parties de la France et appartenaient aux blessés de toutes les armées, il ne voulut pas que la Société fût victime de son isolement: il divisa la France en neuf régions, dont les chefs-lieux furent: Lille, Mulhouse, Bourges, Rouen, Angers, Tours, Lyon, Bordeaux et Marseille; il attacha à chacune de ces régions un délégué pris dans son sein. Celui-ci fut investi de tous les pouvoirs nécessaires pour continuer l'action que le siége de Paris menaçait d'interrompre. Un million fut partagé entre tous pour les besoins de leurs œuvres, et des convois considérables de denrées de toute nature furent dirigés sur les chefs-lieux des délégations. Les délégués s'empressèrent de se rendre à leur poste: la plupart furent reçus avec grande bienveillance, quelques-uns à leur arrivée eurent des préventions et des défiances à combattre; mais tous se firent une loi de n'intervenir que pour provoquer et soutenir les initiatives individuelles et les élans de la charité locale, ils recueillirent bientôt de tous côtés des promesses de concours et des témoignages de reconnaissance. Chacun comprit l'utilité d'une mission qui ne s'associait aux efforts des différents départements que pour leur apporter l'expérience et l'autorité de la Société tout entière.

Partout les délégués se mirent en communication avec les comités déjà existants, et, en faisant connaître la Société là où elle était ignorée ou mal comprise, provoquèrent des fondations nouvelles. Des comités régionaux comme à Lille, départementaux comme dans la Gironde et dans l'Ouest, secondèrent puissamment les délégations en se faisant le centre des instructions, des renseignements et des secours.

Dans le Nord, Arras, Cambrai, Douai, Saint-Omer, reçoivent l'affiliation; le comité de Lille obtient de l'Angleterre, de la Hollande, de la Belgique, des secours qu'il distribue dans le pays d'où s'approche la guerre; il envoie des médecins s'assurer de la salubrité des locaux offerts et de la bonne direction des services, veille à la sage et discrète distribution des brassards, devient l'intermédiaire entre les prisonniers et leurs familles, organise des caisses de secours dans les corps de mobiles et de mobilisés, et fonde à Loos une ambulance qui reçoit les blessés et les malades dispersés dans les communes où la charité particulière ne peut plus les soutenir.

La délégation de l'Ouest fonde 14 comités sectionnaires. Angers, son chef-lieu, a, sous la présidence de son évêque, 27 ambulances fixes dans la ville, 42 dans les campagnes environnantes, 84 dans le département. Les trois ambulances de gare d'Angers, de Chollet, de la Poissonnière, secourent au passage plus de 25,000 soldats. La Bretagne se montre aussi charitable que brave : les évêques de Nantes, de Vannes, comme celui d'Angers, donnent aux ambulances les curés pour aumôniers et pour infirmiers les séminaristes. Dans cette terre de foi et de patriotisme, le prêtre comme le soldat se met, dans l'armée, au service de la France.

L'Est, outre la grande organisation du conseil de Lyon et ses ambulances de campagne, a 25 comités sectionnaires, 175 ambulances fixes, 7,550 lits, environ 60,000 blessés ou malades comptant plus de 500,000 journées de traitement. De grands efforts sont tentés et de grands résultats sont obtenus à Besançon, Saint-Étienne, Mâcon, Lons-le-Saulnier et jusqu'à Genève, où de jeunes étudiants français organisent une ambulance qui suit l'armée de l'Est et en recueille et soulage les débris.

Dans la délégation du Centre, même zèle et même succès. Chalon-sur-Saône, outre ses nombreuses ambulances, ses magasins bien garnis, ses ateliers de réparation pour les vêtements et les chaussures, établit 2 asiles de convalescence ; 6420 malades lui viennent des armées du Rhin, du Centre et de l'Est. Nevers a 84,572 journées de traitements dans les hôpitaux et ambulances. Montargis, à la suite de la bataille de Ladon, fait soigner 3,254 blessés, dont 34 seulement succombent.

Dans le Midi, Bordeaux fournit le matériel aux nombreuses ambulances de sa délégation, et pour l'augmenter quatre-vingts dames sont souvent à l'ouvroir de huit heures du matin à onze heures du soir. Le comité bordelais adresse aux ambulances de la Loire des envois considérables de linge, et prodigue, partout où on le lui demande, son vin généreux.

Le 7 octobre 1870, le ministre de la guerre décrète la formation d'une armée de 60,000 hommes, qui doit se réunir au camp de Conlie. Dans la précipitation de cette levée, les services sanitaires ont été oubliés : la délégation du Nord-Ouest offre

d'y pourvoir ; elle improvise 7 ambulances, et, malgré les défiances extrêmes dont il parvient à triompher à force d'explications données et de services rendus, le délégué est mis à la tête
du service sanitaire du camp. 22 baraques sont disposées pour
les malades qui abondent et sont soignés par le personnel de la
Société ; mais bientôt la déroute de nos troupes apporte avec elle
le désordre et le pillage ; les Prussiens suivent le feu à la main.
En un instant il faut abandonner tout, jusqu'aux registres de la
délégation, pour sauver les malades de l'incendie général. Le
désastre ne décourage personne : chacun continue à faire son
devoir. A Saint-Calais, les médecins d'une des ambulances du
Nord-Ouest délivrent des médecins prussiens des menaces fu-
rieuses de tout un village ; en leur sauvant la vie, ils répondent
au reproche officiel fait à la France de n'avoir pas respecté la
convention de Genève.

La délégation de la Lorraine et de l'Alsace n'a qu'à constater
les généreux efforts de ces provinces, aujourd'hui notre douloureuse rançon ; depuis le premier jusqu'au dernier jour de la
guerre, elles n'ont cessé de prodiguer leurs secours à la France,
comme les enfants redoublent de soin et d'affection pour la mère
qu'ils vont quitter. Au commencement, le comité de Strasbourg
reçoit 1,800 soldats dans 18 ambulances sédentaires ; il s'affilie
Hagueneau avec ses 1700 blessés, Wissembourg, Beschwiller,
tous les pays ravagés par les premiers combats ; il secourt, à sa
gare, les prisonniers qui traversent la ville : tout est gratuit dans
ses services. Pendant les 45 jours du bombardement il est toujours à son poste ; 7 de ses auxiliaires sont tués et 4 blessés
par les projectiles ennemis. Au moment de la retraite de l'armée
de l'Est, il dirige à Clerval une ambulance qui apporte le salut
à ce malheureux pays en proie à toutes les maladies et à toutes
les misères.

Mulhouse, au premier mouvement des armées, enrôle des volontaires pour le transport des blessés ; elle envoie à Metz un
groupe d'infirmiers volontaires, de ceux qu'on n'est jamais
obligé de licencier, qui séjournent cinq jours sur le champ de bataille de Froshwiller, trois sur celui de Saint-Privat ; elle dirige
des ambulances sur l'armée de la Loire, et ravitaille celles qui
se sont associées à la retraite de l'armée de l'Est.

En mars 1871, alors que déjà l'Alsace ne nous appartenait plus,
les villes qui ont le plus souffert reçoivent des secours du comité de Mulhouse ; malgré tant de sacrifices, il trouve de l'argent
et des hommes pour venir en aide aux prisonniers qui passent

par sa gare et fait visiter ceux qu'il faut aller chercher à Cologne, à Coblentz, sur tous les bords du Rhin. Touchants adieux à la France d'un pays bien digne d'avoir pour le représenter cette noble et forte femme qui, épuisée à soigner nos derniers blessés, répondait en pleurant à celui qui la suppliait de se reposer : « Hélas! c'est le dernier témoignage d'affection que je peux donner à ma chère patrie ! »

La délégation du Sud-Ouest comptait dans la ville de Tours dix ambulances sédentaires, vingt dans le département d'Indre-et-Loire, et 65,134 journées de traitements. L'ambulance de Gare de Tours secourut 20,751 blessés ou malades, un dépôt de soldats isolés distribua 25,000 soupes à 11,601 hommes; 11,212 militaires, ayant 145,556 journées de traitement, sont soignés à Laval et dans les autres villes du département de la Mayenne. La Sarthe reçut 30,454 blessés, qui eurent 413,365 journées de présence dans ses hôpitaux et ses ambulances privées. Le comité du Mans lutte énergiquement contre l'encombrement des blessés de la Loire; puis, après le sanglant combat qui dure trois jours et se termine par la prise du Mans, l'évacuation des blessés est faite sous le feu d'un régiment prussien ; la prise d'assaut ne respecte ni la convention de Genève ni les lois de l'humanité ; les ambulances sont transformées en postes de combat, l'ennemi chasse les blessés de leurs salles pour y mettre ses chevaux.

Le comité de Versailles, si rapidement placé sous la main de l'ennemi, était resté en dehors de toute délégation. Dès le début de la guerre, il s'était assuré d'un millier de lits dans la ville, de 2,000 dans les campagnes environnantes. Au moment où il attendait des blessés venant de l'Est, les ennemis arrivèrent et firent de Versailles la capitale de leur invasion; dès lors, à chaque sortie de Paris, cinq ambulances volantes parties de Versailles allaient chercher les blessés et les ramenaient dans les hôpitaux déjà remplis des malades des deux nations. A bout de ressources, ne pouvant en demander ni à Paris ni à Tours, le comité envoya l'inspecteur de ses ambulances chercher des secours dans les pays non occupés; celui-ci plaida avec succès la cause de la Société et de ses blessés, et recueillit des dons importants qui profitèrent aux ambulances de la Loire. Plus tard il obtint des Prussiens, au nom de la convention de Genève, la rentrée dans les lignes françaises de 400 blessés qui allaient partir pour l'Allemagne. Ces pauvres gens, qui ne pouvaient croire à leur délivrance, furent ramenés dans des wagons si bien préparés qu'ils se disaient eux-mêmes dans un train de plaisir.

Les Français pleuraient d'attendrissement en les voyant passer, les Saxons leur apportaient des pâtisseries et du vin, et les Prussiens avaient grand'peine à ne pas les traiter en ennemis. Après la guerre, le comité organisa l'évacuation des convalescents dans les différentes parties de la France. Pendant le second siége de Paris, il prêta son concours à la partie du conseil central réfugiée à Versailles, et constitua avec lui le service sanitaire que réclamait l'armée française.

Le temps manquerait à ce rapport s'il voulait raconter tout ce que les délégations et les comités du Midi comme du Nord, du Centre comme des extrémités, ont créé d'ambulances, reçu de blessés, payé de journées de malades; leurs histoires se ressemblent; les mêmes malheurs éveillent les mêmes sympathies et appellent les mêmes secours à Marseille et à Nice, à Calais et à Valenciennes, à Clermont et à Moulins ; seulement les comités éloignés du théâtre de la guerre sont heureux d'envoyer leur argent et leurs denrées aux contrées les plus exposées, pendant que ceux qui sont voisins des champs de bataille y accourent avec leurs brancards et leurs voitures; les femmes elles-mêmes bravent la vue du sang et l'horreur des blessures: des sœurs de Bon-Secours, sur 120 soldats abandonnés comme morts, en rappellent 80 à la vie; une sœur de Charité reste 98 nuits sans se coucher pour veiller sur ses malades. Qu'un convoi chargé de blessés, qu'on a oublié de signaler, vienne surprendre une ville, les comités appellent au secours les médecins, les Sœurs, les aumôniers; des hôpitaux s'improvisent dans les écoles, dans les presbytères et dans les maisons particulières ; une quête à domicile obtient l'argent, les lits, les matelas, les couvertures, le pain du jour et du lendemain ; le bien-être des pauvres blessés devient la préoccupation générale, ils ont une part dans chaque bourse, une heure de toutes les journées; on les visite, on vient leur faire la lecture, on travaille, on écrit, on demande pour eux; lorsqu'ils partent, on remplace leurs habits troués par les balles, et leurs trop mauvaises chaussures que la marche a usées, et ils reçoivent un petit pécule pour faciliter leur retour au pays. Cette hospitalité ne s'arrête pas aux villes; la campagne offre aux pauvres soldats un air plus pur, un horizon plus gai, des promenades plus faciles et plus libres; au fond de nos provinces, dans les châteaux, dans les fermes, dans les maisons de paysans il s'est fait, à force de soins et de dévouement, des guérisons inattendues, des rétablissements inespérés, des œuvres que le monde ignore, que Dieu seul connaît et que seul il récompensera.

En outre de ses devoirs comme délégation régionale au milieu de batailles longtemps disputées, de villes prises d'assaut,
d'hôpitaux dévastés et de départements ravagés, la délégation
de Tours a rempli pendant le siége de Paris une mission spéciale et
très-importante; sa position centrale, sa résidence au siége pas-
sager du gouvernement et les pouvoirs reçus du conseil de Paris
l'appelèrent à généraliser son action. Devenue le centre des
communications avec les parties de la France qui n'étaient pas
encore séparées de Tours par l'invasion, elle réunit les magasins
et la caisse vers lesquels se dirigeaient les envois de toutes les
nations; les comités, les villes succombant sous le poids des
charges militaires et ennemies, les ambulances attachées à tous
les corps d'armée, se mirent en rapport avec elle pour prendre
ses instructions et se ravitailler. Les ambulances militaires elles-
mêmes formées à la hâte, qui recevaient leur ordre de départ sans
avoir rien touché de l'administration, lui racontaient leur misère et se pourvoyaient auprès d'elle de tout ce qui leur man-
quait, et les délégués des régions dont les chemins étaient encore
ouverts prirent l'habitude d'y venir discuter les intérêts généraux. La délégation reçut ainsi par la force des choses les attributions du conseil général. C'est à ce titre qu'elle défendit, par
des négociations suivies auprès des pouvoirs publics, les droits
de la Société, obtint du ministre des finances la remise de
l'argent versé pour elle dans les caisses de l'État, du ministre de
la guerre la fixation des prix de journées des soldats soignés
dans ses ambulances.

Au moment même où la Société était accusée de dérober, sous
l'habit d'infirmier, des soldats à la défense nationale, à la suite
des explications de la délégation de Tours, un décret investissait
notre œuvre d'une sorte d'autorité publique, et lui donnait
droit de surveillance sur toutes les ambulances privées; ce décret,
modifié à Bordeaux sans la participation de nos délégués et qui
accordait à la Société plus de pouvoirs qu'elle ne voulait en ac-
cepter, ne devait recevoir qu'une exécution très-incomplète et
momentanée, mais il resta comme un témoignage de plus en sa
faveur. Dans toutes les phases de cette guerre, les autorités com-
mencent avec elle par des défiances et des accusations et finissent par la plus complète adhésion et le plus bienveillant concours.

Un grand abus, partout signalé, attira l'attention de la délégation de Tours : l'humanité était devenue pour certaines gens
un masque d'intrigues et un moyen de spéculation. De tous côtés

s'élevaient des plaintes contre la facilité avec laquelle, pour se
protéger ou plus mal faire encore, le premier venu se donnait le
brassard et le drapeau international, ou l'obtenait du laisser-aller
d'un comité ou de son président. Une circulaire de la délégation,
d'accord avec les premières instructions du conseil central, pres-
crivit des mesures sages et sévères, en invitant, comme elle le
dit elle-même, à ne pas confondre les dévouements véritables
avec les charités suspectes et les secours aux blessés avec leur
exploitation. Une autre circulaire donna à tous les comités le conseil religieusement suivi de ne jamais laisser la mort d'un soldat
sans honneurs funèbres.

A la fin du mois d'août, lorsque Metz assiégé n'était plus ac-
cessible à aucune communication, le conseil central, informé que
des germes de contagion se manifestaient dans la malheureuse
ville pleine de malades, voulut faire une tentative auprès du
quartier général prussien pour obtenir le transport des blessés
dans des localités neutralisées.

Un de ses vice-présidents, que sa position antérieure avait mis
en rapport avec les autorités militaires de la Prusse, partit de
Paris le 26 août; il atteignit le quartier ennemi à Busancy le jour
de la bataille de Beaumont, et arriva sur le plateau même d'où
l'armée prussienne allait foudroyer Sedan. Le roi de Prusse le
reçut gracieusement, le félicita de sa mission d'humanité et de
paix, regretta que les nécessités de la guerre, qu'il allait pousser
jusqu'aux plus cruelles extrémités, ne lui permissent pas d'ouvrir à la charité les portes de Metz. Mais, à l'aide du sauf-conduit
le plus étendu qu'il reçut du général en chef, notre délégué fit
restituer le matériel des ambulances confisqué après la victoire,
facilita, avec le concours du vice-président de la société de secours prussienne, la remise aux Français des blessés incapables
de reprendre les armes, puis, témoin des misères inénarrables de
Sedan, il soutint de son expérience et de sa coopération le comité
qui s'était formé pour les soulager, et afin d'aplanir les difficultés de la situation, provoqua la constitution de la délégation
de Bruxelles; celle-ci, dans le rapport qu'elle a publié, a fait connaître l'étendue de sa mission, la réorganisation des ambulances
et les services que plus tard elles ont rendus.

Sa sollicitude les suivit dans leurs nouvelles destinées. Un
de ses délégués parcourut toutes leurs étapes, leur apportant
des instructions, de l'argent, des provisions, et rapportant le
récit émouvant de ce qu'il avait vu. La délégation, dès les
premiers jours de la séparation de Paris, avait transporté à

Bruxelles le bureau de renseignements ; elle continua une bienveillante correspondance avec les comités étrangers, envoya des visiteurs et des secours aux prisonniers malades, et, à la dernière heure, s'assura de leur situation et prépara leur retour par un voyage de son président à travers l'Allemagne.

Les rapports des délégués et des chefs d'ambulance contiennent des observations générales, résultat d'une expérience acquise dans le contact des hommes et la pratique des choses; tous signalent les inconvénients des ambulances de campagne, d'un personnel et d'un matériel trop considérables, le danger d'attacher au service sanitaire des hommes pris au hasard dont on n'a pu apprécier d'avance le caractère, l'aptitude et la moralité, l'insuffisance du nombre des médecins militaires, la nécessité d'une complète séparation entre l'intendance et le corps médical des armées. Ils insistent sur la convenance de laisser à chaque chef la direction et la responsabilité de son ambulance, et en même temps sur l'utilité d'avoir auprès des commandants d'armées une autorité qui puisse imprimer à l'ensemble du service libre une direction générale, représenter ses intérêts, défendre ses droits, assigner à chacun la place qu'il doit occuper, déterminer sa part dans la discipline et l'obéissance militaire.

Les délégués sont unanimes pour constater l'heureux effet de la présence des représentants du conseil central au milieu des départements; tous ils croient le maintien de cette institution nécessaire pour conserver et resserrer les liens qui attachent au centre les différentes parties.

La même unanimité recommande un grand respect pour la liberté d'action et l'initiative des comités locaux, seul moyen de désarmer les défiances des provinces contre l'absorption par la tête de l'œuvre de leurs ressources et de leur indépendance.

Plusieurs signalent l'ignorance et la fausse interprétation de la convention de Genève de la part des Français, et les atteintes qui lui ont été portées par les ennemis mieux instruits de son existence et de sa valeur.

Ainsi les sergents de ville, dans plusieurs départements, ont réclamé le port du brassard comme un droit attaché à leurs fonctions, et plusieurs fois on a cru qu'un seul blessé, et même un lit vide dans une maison surmontée d'un drapeau suffirait pour la mettre à l'abri des visites de l'ennemi. Plus d'une fois aussi, les rapports se plaignent que les Allemands n'aient pas respecté des ambulances nombreuses, qu'ils aient retenu prisonniers des médecins revêtus de leurs insignes et occupés à soigner les blessés. Pendant que l'on reprochait aux habitants des pays menacés et victimes de l'occupation la prodigalité et l'abus des drapeaux et des brassards, on accusait les infirmiers prussiens de porter à la fois le brassard et le fusil.

Ces rapports écrits dans l'action même et sous la dictée des événements fourniront une intéressante matière aux études et aux discussions de la Société et des congrès internationaux ; ils reconnaissent généralement l'urgence d'interprétations nouvelles de la convention de Genève et la nécessité de la réformer en quelques points ; mais, en signalant des lacunes, ils attestent que son application sur une si vaste échelle a été pour l'humanité un grand progrès et pour les blessés un grand secours. Comme il arrive presque toujours en ce monde, on a été frappé bien plus du mal qu'elle n'a pas empêché que du bien qu'elle a permis de faire, et si, dans beaucoup de circonstances, elle n'a pas tenu toutes ses promesses, la responsabilité ne doit pas en peser sur elle ; presque toujours sa protection n'a fait défaut que parce qu'on ne savait pas ou qu'on ne voulait pas lui obéir.

Siége de Paris.

Pendant que les délégations régionales propageaient la vie de la Société à l'intérieur et que celle de Bruxelles la maintenait au dehors, le conseil central, séparé du reste de la France, était tout entier aux besoins et aux misères de la grande ville assiégée ; il ouvrit successivement les ambulances fixes

du palais de l'Industrie,
du Corps législatif,
des Tuileries,
du Grand-Hôtel,
du Cours-la-Reine,

qui reçurent 3,444 blessés et comptèrent 61,951 journées de traitement, perdant une moyenne de 14 %, déduction faite des blessés qui arrivèrent mourants. Dans ces ambulances confiées à des chirurgiens très-habiles et très-renommés, les blessés étaient servis par des dames, qui s'étaient faites leurs infirmières les plus dévouées et leurs plus éloquentes consolatrices, c'est-à-dire leurs sœurs de charité.

Comme annexe du Corps législatif, l'ambulance d'Autriche-

Hongrie, ouverte le 20 septembre 1870 à l'hôtel de l'ambassade d'Autriche et aux frais de l'ambassadeur, soigna 42 blessés et n'en perdit qu'un.

Trois cent quarante lits, dressés sous dix-sept tentes dans le jardin des concerts des Champs-Elysées, du 19 au 22 mai, reçurent les blessés de l'armée régulière lors de son entrée dans Paris.

La société s'affilia trois cent cinquante ambulances privées, soutenues de ses subventions, visitées par ses médecins et auxquelles elle envoyait les blessés les moins gravement atteints. Un grand nombre d'autres reçurent d'elle des secours en argent et en nature, et, le 20 septembre, elle adressait à la mairie centrale, pour les ambulances municipales et celles de rempart, soixante-mille kilos de linge, deux cents barriques de vin et vingt d'eau de vie.

Pour aller secourir et chercher les blessés sur les champs de bataille, le comité médical organisa douze ambulances volantes composées chacune d'un chirurgien, de deux aides, de deux délégués et d'un aumônier. Un caisson portait des vivres pour trois jours, et ce qui était nécessaire aux premiers pansements; le transport des blessés était fait par cent cinquante voitures.

La Société avait en outre à sa disposition la huitième des grandes ambulances qui, après Sedan, avait pu rentrer à Paris, la douzième, celle de lord Hertford, due à la générosité de son héritier et qui s'était établie à Saint-Mandé, et quatre ambulances organisées à la demande de l'autorité militaire pour être affectées au service des divisions de la garde mobile.

Trois ou quatre ambulances volantes étaient toujours prêtes à accourir au premier appel du canon, au premier ordre d'un général; pendant toute la durée du siége, deux allaient chaque matin chercher, dans les forts, les blessés et les malades de la veille et les transportaient dans la ville. Les jours de grandes sorties, quatre étaient en réserve au palais de l'Industrie, les autres se dirigeaient vers le lieu du combat, des voitures de transport et un corps de brancardiers les accompagnaient. Une d'elles était désignée comme centre et devait rester immobile; les autres, obéissant au signal de leur directeur général, se portaient, avec leurs auxiliaires, partout où l'énergie de la lutte accumulait les blessés : ceux-ci, relevés par les brancardiers, qui souvent n'attendaient pas pour les secourir que le feu eût cessé, étaient d'abord ranimés par une boisson fortifiante à qui un appareil ingénieux conservait sa chaleur, puis des voitures les conduisaient à l'ambulance centrale, où ils y recevaient les premiers pansements. Les plus gravement atteints y étaient retenus; ceux qui pouvaient supporter un plus long voyage étaient conduits, les grands blessés dans les ambulances fixes ou les hôpitaux, les petits dans les maisons particulières. A la porte de chacun des établissements de l'œuvre, un médecin les attendait pour veiller à leur passage de la voiture au lit. Le lendemain les ambulances retournaient à la recherche de ceux que les incidents de la bataille n'avaient pas permis de voir et de relever ; elles parcouraient les bois, fouillaient les maisons isolées, les plis du terrain où se traîne et se cache le pauvre blessé pour échapper à de nouveaux coups, et ramassaient les morts, auxquels, par les mains de leurs brancardiers, elles faisaient creuser une tombe.

C'est ainsi qu'elles agirent à Chevilly, à Châtillon, à Rueil, au Bourget, à Champigny, au combat de Paris, à Buzenval, où périt, à la tête de son régiment des mobiles du Loiret, un des membres du conseil. Au commencement de la guerre, M. de Montbrison avait pris une part active aux travaux de la Société; après s'être dévoué au soulagement des blessés en homme de bien, il est mort en brave soldat, réunissant en lui les deux grandes vertus auxquelles, au milieu de ses défaillances et de ses désastres, la France est toujours restée fidèle, le courage et la charité.

Le 6 décembre un comité d'action fut institué pour donner une impulsion plus forte encore au service du champ de bataille. Tous les membres du conseil réclamèrent le droit d'en faire partie, tous voulurent en partager les dangers et l'honneur.

Dans ce Paris séparé du reste du monde, à qui le siége faisait une vie si nouvelle et si difficile, la Société de secours trouvait partout des auxiliaires et des rivaux. Les ambulances municipales et celles de la presse luttaient de zèle avec les siennes; les brancardiers suisses, espagnols, italiens, s'exposaient à côté des Français. Les Frères des écoles étaient l'exemple de tous. Des ambulances privées allaient jusque sous le feu de l'ennemi chercher des hommes à sauver. Ceux que ne réclamait pas la guerre sollicitaient une place auprès de ses victimes, tout ce qui ne combattait pas voulait servir les combattants.

Le temps que laissaient les sorties et le soin des blessés était employé à améliorer leur sort.

Le conseil fit construire vingt-cinq voitures disposées pour épargner les douleurs et la fatigue des longs voyages, adopta un support élastique qui enlevait à la charrette elle-même ses cahots et ses secousses, et trois nouvelles formes de brancards, dont un permet les opérations immédiates ; il vota des membres artificiels, destinés à rendre aux amputés les mouvements et l'usage de ceux qu'ils ont perdus, et accorda un secours à chaque soldat sortant de ses ambulances. Il fit étudier en même temps divers systèmes proposés pour permettre au pauvre soldat gisant sur le sol d'avertir de sa présence ceux qu'il n'a plus la force d'appeler et pour donner moyen de le reconnaître lorsque la mort est arrivée plus vite que le secours.

La Société n'abandonna pas ceux qu'elle n'avait pu sauver. Après le combat de Chevilly, elle reçut des mains de l'ennemi le corps du général Guilhem.

Son délégué auprès du ministre de la guerre négocia, à la demande du général en chef, un armistice qui permit d'enterrer les morts. Un service de funérailles fut institué pour les blessés qui avaient succombé dans ses établissements ; ses représentants les accompagnaient jusqu'à leur dernière demeure ; ils eurent des prières et des honneurs autour de leur cercueil, une inscription et une croix sur leur tombe.

Bientôt aux travaux, aux émotions des premiers jours, se joignent les souffrances du froid et de la famine et les menaces du bombardement. Lorsque la viande fraîche et le bois deviennent hors de prix, et qu'il lui faut disputer aux boucheries municipales ses chevaux employés à transporter les blessés dans toutes les parties de la ville, la Société ne recule devant aucun sacrifice pour nourrir et chauffer ses malades. Aux premiers coups de l'hiver, le conseil fait acheter pour 50,000 fr. de couvertures, deux mille peaux de moutons, des vaches, un approvisionnement considérable de bois et de charbon, et aucun de ses blessés ne s'aperçoit des privations qu'impose à tout le monde la prolongation du siège. Aux jours du bombardement les blessés descendus dans les caves échappèrent tous aux obus qui semblaient tomber de préférence sur les écoles, les églises, les hôpitaux et les ambulances.

Le reste de la France n'était pas oublié : les tentatives, restées sans résultat, pour faire pénétrer dans Metz des médecins et des secours, ne découragèrent pas le conseil : il n'hésita pas à entamer une négociation nouvelle en faveur de Strasbourg, dont il avait appris l'héroïque résistance et où il voulait faire arriver cent mille francs. Son insuccès n'empêcha pas ses réclamations auprès du Gouvernement français, pour que, suivant la convention de Genève, les blessés allemands ramenés dans nos murs ne fussent pas traités en prisonniers de guerre ; il demanda pour eux le traitement qu'il voulait que l'ennemi accordât aux nôtres.

Dans les abords de Paris, théâtre quotidien de nombreux combats, une sépulture trop légère avait été donnée à un multitude de victimes, les corps étaient à peine ensevelis sous quelques pelletées de terre : le moindre remuement du sol, le plus mince courant d'eau les mettaient à découvert. Une lettre du président de la Société appela l'attention du gouverneur de Paris sur cet état de choses et lui offrit son concours pour le faire cesser. Plus tard 10,000 fr. furent votés pour aider le conseil d'hygiène dans ses travaux d'assainissement.

A la fin de janvier 1871, la Société n'était ni fatiguée ni découragée de son rude travail, lorsque l'armistice, bientôt suivi de la paix, ouvrit les portes de Paris.

Travaux après l'armistice.

Les membres du conseil, si longtemps dispersés, revinrent à ses séances ; les délégués y apportèrent leurs rapports, les chefs d'ambulances leurs comptes rendus, et les comités de toute la France l'exposé de ce qu'ils avaient fait et de ce qu'ils avaient souffert.

D'immenses arrivages pourvurent largement à la nourriture des blessés ; les envois d'argent et de denrées reprirent le chemin de la caisse centrale et des magasins ; l'échange des services si longtemps interrompu ne tarda pas à se rétablir.

Le premier soin du conseil, après le ravitaillement des blessés, fut de faire honneur aux demandes des comités et des ambulances du dehors. Entraînés par les nécessités de la guerre, beaucoup n'avaient pas mesuré leurs dépenses à leurs ressources ; un grand nombre de départements, au commencement de la lutte, loin de prévoir qu'ils en subiraient les atteintes, avaient envoyé tout le produit de leurs quêtes et de leurs souscriptions au comité central. Lorsque les batailles et l'invasion étaient venues, ils avaient été forcés de s'endetter pour accomplir leurs devoirs : le conseil n'hésita pas à payer leurs dettes. Plusieurs de ses membres et de ses auxiliaires furent envoyés dans l'Est, dans le Midi, en Suisse, pour pourvoir aux besoins les plus urgents et secourir surtout les malheureux enfermés dans les lignes prussiennes.

Parmi les subventions accordées aux réclamations les mieux justifiées :

100,000 fr. furent donnés à Strasbourg ;

110,000 fr. à Metz ;

25,000 fr. aux comités qui avaient si bien accueilli nos blessés internés en Suisse.

10,000 fr. pour les soldats qui en revenaient ;

25,000 fr. à Châteaudun.

Le conseil rendit au personnel de ses ambulances de campagne la part de son traitement, auquel il avait généreusement renoncé lorsque les délégations de Bruxelles et de Tours, dans leur sage prévoyance heureusement trompée, leur en avaient demandé le sacrifice.

Il eut, dès les premiers jours, à s'occuper de l'évacuation des blessés si longtemps enfermés dans Paris et qui avaient grand besoin d'un autre air et d'un autre régime. Le 14 février, une convention entre la France et l'Allemagne permit le passage des blessés à travers les lignes des deux nations. Le conseil obtint que le nombre des Français, d'abord limité à cinq mille, fût porté à dix mille. Chaque convoi d'Allemands était accompagné d'un délégué de la Société pendant qu'il traversait la ligne française ; 7,823 malades ou blessés allemands circulèrent ainsi sous la sauvegarde de son drapeau.

Les blessés français, sur la désignation de l'intendance, étaient conduits par les voitures de la Société jusqu'à la gare où les attendaient ceux qui devaient veiller sur eux. Des wagons-cuisines, des wagons-magasins, chargés de médicaments et de vivres, étaient attachés à leurs convois. Sur toute la route, l'intérêt public les accueillait avec des témoignages de compassion affectueuse et, à leur dernière étape, ils trouvaient l'indication de l'établissement ou de la maison où ils devaient s'arrêter.

La Société sous la Commune.

La Société complétait ainsi son œuvre de guerre, et, la croyant finie, commençait le licenciement de son personnel et portait sa pensée sur les travaux qu'elle devait réserver à la paix.

L'insurrection du 18 mars vint tout à coup lui créer de nouvelles difficultés et de nouveaux devoirs. Dès les premiers actes de la guerre civile, elle avait déclaré que ses soins appartenaient, que ses ambulances étaient ouvertes à tous les blessés, sans leur demander pour qui ils avaient combattu. Le 22 mars, elle envoyait ses voitures et ses brancardiers aux secours des victimes de la rue de la Paix ; l'un de ses membres y fut grièvement atteint par une balle en relevant un blessé.

Bientôt, sous prétexte d'intelligences avec Versailles, parce qu'elle continuait à soigner les soldats de l'armée française, sa dissolution fut prononcée par la Commune, on mit le séquestre sur ses magasins. Le plus farouche des dictateurs menaça de mort son président : le conseil, n'étant plus libre, se sépara en protestant ; mais la Société ne céda pas à l'orage ; son secrétaire général resta à Paris, avec plein pouvoir de la représenter, et le chef de ses ambulances n'abandonna pas les 240 malades qui furent gardés au Cours-la-Reine jusqu'à la délivrance de Paris.

La Commune, qui n'avait de pitié que pour les hommes de la révolte, fait arrêter et conduire à la Conciergerie le médecin en chef, qui a eu l'audace de lui désobéir ; elle est obligée de le rendre le soir à la liberté, crainte de l'insurrection de ses malades. Le directeur nommé par le délégué de la guerre civile n'ose pas faire acte d'autorité devant la menace de la fermeture de l'ambulance, il finit par s'abstenir de toute intervention dans la direction du service.

Le 25 avril, les voitures de la Société, profitant d'une courte suspension d'armes, allèrent chercher dans Neuilly en ruines de nombreux blessés qui y mouraient sans secours : elles ramenèrent ce jour-là 80 jeunes filles et des vieillards qui, sous les obus du bombardement, avaient vécu dix-huit jours dans des caves.

Le 17 mai, 200 femmes et enfants, meurtris et blessés par l'explosion de la cartoucherie Rapp, furent recueillis au Cours-la-Reine. Le 22, à la rentrée des troupes dans Paris, l'ambulance elle-même échappa avec peine au double feu des soldats et des insurgés.

Le rapport publié sur cette époque si tourmentée montre comment des représentants de la Société surent résister aux exigences et aux exploitations, devant lesquelles la ville s'inclinait en frémissant. Ils firent rétablir sur le matériel appartenant à l'œuvre la croix rouge que l'on avait prétendu remplacer par les emblèmes de la Commune et de la République universelle ; dans la défaillance générale, la Société fut respectée par ceux qui ne respectaient rien, et son drapeau resta debout et intact devant la violence qui abaissait tous les autres et, avant de verser le sang le plus pur, jetait à terre les glorieux monuments et les nobles souvenirs. Pendant la Commune la caisse des hôpitaux militaires était épuisée, la Société lui prêta 40,000 fr.

Une grande partie du conseil s'était installée à Versailles ; se constituant en comité d'action avec le comité de Seine-et-Oise, elle improvisa, en dix jours, des ambulances volantes, à Bièvre, à Sceaux, à Jouy en Josas, et tout autour de l'enceinte, pour le service de l'armée qui assiégeait Paris, et décida la création de l'ambulance de la Grande-Gerbe.

Depuis longtemps déjà on avait reconnu ce que les hôpitaux renfermaient entre leurs murs de germes de contagion et de principes délétères. L'Amérique, dans sa guerre de sécession, avait essayé, avec succès, des constructions dont les matériaux plus légers laissaient circuler plus d'air et ne permettaient pas aux miasmes corrupteurs, émanés de maladies et surtout de blessures, de se fixer sur les murailles et d'aggraver l'état du malade qui venait chercher la guérison; la Société, après un sérieux examen, avait adopté ce système dans l'établissement des baraques en planches au Cours-la-Reine.

Elle voulut, sur la proposition et d'après le projet du médecin principal des armées d'Autriche qui, depuis le commencement de la guerre, s'était dévoué à la France, tenter une expérience plus complète et plus décisive et lui en confia la direction.

A l'ombre des ruines de Saint-Cloud, dans le parc réservé, dont les arbres et les statues portaient encore les traces de la guerre, l'ambulance de la Grande-Gerbe, par la réunion de tout ce que la civilisation chrétienne peut inventer pour le soulagement d'un malade, protesta contre la barbarie qui avait allumé les incendies et fait les dévastations.

A la sortie du navrant spectacle des décombres de la ville et du château, l'âme était rafraîchie et comme rassérénée par le plus frappant des contrastes. Dans ces pavillons légers, le bien-être et le contentement étaient répandus sur tous les visages; les lits si propres, si élégants, paraissaient, au milieu des fleurs, plutôt préparés pour le repos que pour la souffrance. La vie en plein air associait le malade au mouvement du dehors et lui faisait oublier qu'il ne pouvait pas encore y participer; les blessures les plus profondes se cicatrisaient, et le gazon, les grands arbres, les belles avenues du parc, offraient la plus attrayante promenade aux premiers pas des convalescents; aucune œuvre de la Société ne fut mieux accueillie de l'opinion publique et ne lui attira plus d'éloges.

Au milieu de l'approbation générale, la critique, qui s'attache toujours au succès, ne manqua pas à cette création; elle lui reprocha de ne séparer les malades du grand air que par de faibles planches d'un côté, et de l'autre par un rideau plus frêle encore, presque toujours relevé, et d'avoir ainsi besoin du rare soleil de l'été pour échapper au froid et à sa maligne influence; puis, calculant avec effroi les dépenses que devaient entraîner l'élégance des constructions, la bonne entente des emménagements, la délicatesse de la nourriture et toute l'organisation du service, dont les détails étaient poussés jusqu'à la perfection, elle exprima le regret que l'on eût payé si cher ce qui devait durer si peu.

En donnant à l'armée l'ambulance de la Grande-Gerbe, à la seule condition que sa destination ne serait pas changée, la Société a répondu à toutes les critiques et mis fin à tous les regrets.

Les remercîments adressés par le président de la République pour cette donation permettent d'en espérer le maintien aux conditions acceptées. La Grande-Gerbe, en offrant aux soldats pendant une grande partie de l'année un régime qui les met à l'abri du mauvais air des hôpitaux et guérit les terribles maladies qu'il engendre, permettra de purifier, par une complète aération, les hôpitaux eux-mêmes dont, l'été, elle prendra les malades.

Son exemple ne servira pas seulement à la France; déjà les gouvernements étrangers demandent des modèles de la Grande-Gerbe, dont la Société va leur envoyer la photographie. Les sacrifices qu'elle a coûtés profiteront ainsi aux malades de tous les temps et de tous les pays.

La délivrance de Paris rendit à la Société son fonctionnement régulier ; le 5 juin, le conseil reprit ses séances. Sa fortune augmentait chaque jour par l'arrivée des envois des pays lointains, et il s'empressa de faire profiter de sa richesse ceux qu'avaient appauvris l'insurrection et la guerre; il comprit dans ses distributions les villes et les villages de la banlieue, dont les ennemis avaient commencé et les insurgés achevé la ruine; les communautés religieuses qui, après avoir mis leurs maisons, leurs personnels et leurs ressources au service des blessés, avaient été dépouillées par la Commune de ce qui leur restait, et dont plusieurs avaient payé du martyre des plus illustres de leurs membres le tort d'avoir consacré leur vie à Dieu et à leurs frères.

Dix mille francs furent employés à la confection des appareils destinés à effacer les traces, ou au moins à diminuer les conséquences des blessures les plus profondes et des opérations les plus délicates.

Enfin, chaque jour un des membres du conseil distribua, en son nom, de petits secours et des vêtements au soldat mutilé pour retourner dans sa famille, ou arriver, sans trop de privations, au jour de la liquidation de sa modique pension, aux ascendants pauvres, aux veuves, aux orphelins qui attendent, dans les souffrances et le deuil, l'adoption des œuvres spéciales fondées en leur faveur.

Evacuation et rapatriement.

Le conseil termina le 28 juin l'évacuation des blessés de Paris, commencée le 13 février et que le second siége avait augmentée.

Vingt-trois trains avaient, par ses soins et sous sa direction, transporté, dans toutes les parties de la France, 8,274 blessés ou malades. Sa dernière œuvre de guerre fut le rapatriement des blessés prisonniers en Allemagne.

La paix avait rendu à la France cette multitude de prisonniers de tant de villes prises, de tant de batailles perdues; mais beaucoup n'avaient plus la force de regagner leur patrie : les ennuis de l'exil, l'excès du froid, l'insuffisance de la nourriture avaient multiplié les maladies et aggravé les blessures, et laissaient des milliers d'hommes trop faibles pour entreprendre le long voyage qu'exigeait le retour. Dans leur impatience de se retrouver au milieu des leurs, le danger de la route n'était pas capable de les retenir ; ils préféraient la mort à l'attente, pourvu qu'ils pussent mourir sur le sol de leur pays.

La Société, qui les avait si souvent visités et secourus, comprenait et partageait leur impatience. Même avant la paix, elle s'était occupée des moyens de faciliter leur retour ; dès qu'il fut possible, elle sollicita l'honneur de cette grande œuvre, et reçut du gouvernement la mission de rapatrier les blessés.

Dans les premiers jours de mai, le président de la délégation de Belgique avait parcouru tous les lieux où les soldats français étaient détenus et constaté leur nombre et leur état.

Il en trouva 7,968 dans l'Allemagne du Nord, 800 dans celle du Sud. La situation des hôpitaux et des lazarets qui leur servaient d'asiles était satisfaisante; mais ils manquaient surtout de vêtements chauds, que le froid et les pluies rendaient nécessaires; le président de la délégation de Belgique leur en fit une large distribution, et les délégués spéciaux, envoyés par la Société, prirent avec lui les mesures les plus favorables au départ. Les gouvernements allemands se montrèrent bienveillants. Les aumôniers, les médecins et les délégués français purent accompagner les convois à travers l'Allemagne et les pays occupés, rien ne fut épargné pour le repos et le bien-être des voyageurs.

Des lits, du linge, des aliments furent réunis dans les villes où les blessés devaient s'arrêter, sous la direction des dames qui continuaient ainsi leur mission hospitalière; les comités de la frontière, prévenus d'avance, les accueillaient comme des enfants d'autant plus chers qu'on n'espérait pas sitôt les revoir.

Le 16 août 1871, le dernier train entrait en gare à Lille : il contenait 25 voitures-lits à 12 places, 1 wagon-pharmacie, 2 cuisines, 3 magasins.

La Société n'avait pas oublié les malheureux soldats restés en Allemagne, prisonniers de leurs maladies et de leurs blessures, qui avaient dû faire à leurs compagnons plus heureux de si cruels adieux. Un comité de dames s'était chargé de leur porter des consolations et des secours; la bonne organisation des départs triompha des états les plus graves et, à cette heure, il n'y a plus, dans toute l'Allemagne, qu'un seul prisonnier français.

Mais tous n'ont pas revu la France, la nostalgie en a tué autant que la guerre, et beaucoup ont été ensevelis dans une terre plus qu'étrangère, loin de ceux qui portent leur deuil.

Le conseil a voté 50,000 francs, et offert d'en avancer autant au gouvernement français, pour que la terre où ils reposent soit mise à l'abri des injures du temps et de l'indifférence des hommes, et que la sollicitude de la patrie veille encore sur leur sépulture.

Tels sont les travaux de la Société dans cette campagne, commencée avec la première bataille, et qui ne finit que le jour où elle n'eut plus un blessé à soigner dans les ambulances et à ramener dans la patrie; mais en vous exposant ce qu'elle a pu faire avec la charité de la France, ce serait manquer à la reconnaissance et à la justice que d'oublier les services des nations amies.

Secours des nations étrangères.

Pendant qu'auprès de nos armées paraissaient les ambulances belge, suisse, néerlandaise, anglo-américaine, turinoise, et du Luxembourg, l'Angleterre était partout où nous avions besoin de secours. A Bruxelles, elle donnait 100,000 francs pour la réorganisation de nos ambulances. A la porte de Metz, elle accumulait des montagnes de pain, de viande, de vêtements, et les faisait entrer dans la malheureuse ville le jour de sa capitulation. Dernièrement, Paris la remerciait de tout ce qu'elle lui avait apporté pour apaiser sa faim. Envoi d'argent, de linge, de médicaments, d'instruments de chirurgie aux villes, aux comités, aux ambulances qui les lui demandaient, distributions aux blessés ; ravitaillement des places prises par famine ; relèvement de nos maisons à terre, et jusqu'aux semences à nos cultivateurs ruinés, la générosité anglaise a pris toutes les formes, et le zèle de ses délégués s'est montré aussi intelligent qu'infatigable.

La Belgique n'a pas seulement facilité le passage de nos convois, en les augmentant de ses dons : dans ses ambulances, les soldats français se trouvaient entourés d'une famille attentive et dévouée ; elle a fondé, pour nous, l'œuvre du pain, l'œuvre des prisonniers, et a montré, pour la France blessée, la compassion affectueuse d'une sœur.

La Suisse, par ses comités de Genève et de Berne et son agence de Bâle, a été la providence de nos blessés et de nos prisonniers ; elle s'est faite la patrie des exilés de Strasbourg, et lorsque notre armée de l'Est, exceptée dans l'armistice, poursuivie par les bombes ennemies, mourante de froid et de faim, est venue lui demander un asile, elle l'a trouvée tout entière sur son passage pour la réchauffer, la nourrir et la préserver de la mort et du désespoir.

L'Irlande, dans sa pauvreté, a eu pour nous des richesses.

La Hollande, le Luxembourg, l'Autriche, l'Italie, l'Espagne nous ont envoyé des hommes, de l'argent, des denrées ; des subventions nous sont venues de la Russie, des deux Amériques, de Constantinople et du Japon. Des médecins autrichiens, dont tout le monde a apprécié la science et le talent, ont été nos associés les plus dévoués, fidèles à l'exemple de leur chef, le fondateur de la Grande-Gerbe, le directeur général de l'ambulance du Corps législatif et du rapatriement de nos prisonniers, dont la puissante initiative a fait faire tant de progrès à notre service sanitaire. Nous devons au Danemark un homme qui, lui aussi, est mort au champ d'honneur ; le docteur Arendrup, dans l'ambulance de l'ambassade d'Autriche, avait donné, pendant le premier siège, son temps, sa science, son affection à nos blessés ; à la Grande-Gerbe, il leur a donné sa vie.

Le comité prussien lui-même a ouvert les portes de l'Allemagne à nos délégués, a obtenu pour nos envois l'exemption de la douane et nous a communiqué de précieux renseignements sur la destinée de nos soldats. Dans les rencontres où l'exaltation de la lutte et les abus de la victoire exposaient nos médecins et nos blessés à des exigences intolérables, l'intervention de ses représentants, des frères de Saint-Jean de Dieu, des chevaliers de Malte, a souvent désarmé des colères et écarté des obstacles qui paraissaient insurmontables; il y a eu dans l'Allemagne de nobles exemples de charité internationale, et si la Société a eu souvent à se plaindre de l'oubli et de la violation de la convention de Genève, elle n'a pas à reprocher aux comités allemands d'en avoir déserté le devoir et méconnu l'esprit.

La paix faite, la Société a cru devoir témoigner sa reconnaissance aux nations voisines. Les journaux ont raconté la bienveillance avec laquelle ces remercîments ont été reçus et l'enthousiasme qui les a accueillis en Irlande. Elle a voulu perpétuer le souvenir de sa gratitude, en délivrant une médaille en forme de croix avec un diplôme à quiconque lui avait prêté son concours. Ces croix sont toutes de bronze, aucune distinction n'existe entre elles; elles n'ont pas la prétention de récompenser les actions d'éclat et les services extraordinaires, elles rappelleront seulement à ceux qui les reçoivent, aux fonctionnaires les plus élevés comme aux agents les plus modestes, quelques jours passés à faire un peu de bien.

Le devoir de récompenser les faits remarquables, les dévouements d'exception, appartenait à la France. Sur la demande du conseil, des croix de différents grades dans l'ordre de la Légion d'honneur et des médailles militaires ont été accordées à des Français et à des étrangers qui ont bien mérité de l'humanité pendant la guerre.

Malgré l'abondance de ces récompenses, la Société, témoin et confidente de ce qui a été fait, connaît plus d'un service, plus d'un dévouement oubliés ; les œuvres d'abnégation, les beaux sacrifices étaient trop nombreux pour qu'on pût les récompenser tous.

Dans une armée où chacun s'est bien battu, tous les braves soldats ne sont pas décorés ni mis à l'ordre du jour; d'ailleurs, la Société a fait son devoir, parce que le mobile qui l'a inspirée était supérieur à la poursuite d'une louange, à la conquête d'une décoration; pour le véritable dévouement, celui des hommes de cœur et des grandes nations, l'important n'est pas d'obtenir une récompense, mais de la mériter.

État financier.

La multiplicité des services, les comptes à demander à tant de personnes et pour tant de choses, exigent de longues recherches et un très-minutieux contrôle, et auraient trop retardé la convocation de l'assemblée générale, si nous avions voulu à cette première séance lui présenter le compte financier auquel elle a droit.

Aussitôt que le travail de la liquidation sera achevé, une nouvelle réunion sera consacrée au rapport de la commission des finances qui vous soumettra un exposé détaillé des recettes et des dépenses avec leur justification.

Aujourd'hui nous résumerons seulement par quelques chiffres l'ensemble de la situation financière au commencement de ce mois que l'apurement définitif de quelques comptes arriérés pourra légèrement modifier.

Le conseil central a reçu en argent 9,127,279 fr. 98 cent., en dons en nature 1,500,000 francs: il a dépensé en argent 6,438,269 fr. 86 cent.

Ambulances de campagne,	2,103,537	83
Ambulances sédentaires.	1,678,061	28
Subventions aux comités, aux villes, et secours aux blessés	598,804	27
Services accessoires, lingerie, caves, magasins, évacuations.	628,563	11
Propagation de l'œuvre, insignes, médailles.	165,878	16
Frais d'administration.	181,091	15
Remboursement au comité de la presse.	334,620	25
Soldes débiteurs des délégations régionales.	600,560	61
Organisation et frais de la loterie.	147,153	31
Il a distribué en objets en nature	1,192,563	
Les délégués régionaux ont reçu en argent.	1,512,005	
En nature.	100,000	
Ils ont dépensé en argent,	1,472,890	
En nature.	100,000	
102 comités sectionnaires ont reçu en argent.	2,973,212	
Objets en nature.	997,136	
Ils ont dépensé en argent.	2,148,039	
En nature.	997,136	
Les ambulances de campagne ont reçu et dépensé	83,836	
Ce qui constitue un total général de dons en nature et en argent de.	16,293,471	20
Et de dépenses.	12,482,737	17

Tous ces chiffres, malgré leur élévation, sont loin d'exprimer ce que la Société a reçu et surtout ce qu'elle a fait donner. Le plus grand nombre des comités sectionnaires n'ont pas encore envoyé leurs états de situation, sans compter ce que les blessés ont reçu des personnes qui les visitaient en son nom et de celles à qui elle les confiait.

Toutes les dépenses soldées, le reliquat de la caisse centrale sera encore considérable, et peut-être étonnera-t-il entre les mains d'une société dont les tendances comme les devoirs étaient, vis-à-vis de si profondes misères, de se montrer généreuse jusqu'à la prodigalité; mais quand il l'aurait voulu, le conseil n'a pas eu l'occasion d'être économe, et ce n'est pas à un excès de prévoyance qu'il faut attribuer le chiffre élevé de son épargne. Pendant le long siége de Paris, une grande partie de ses ressources n'était pas à sa disposition, et il était séparé de ceux qui en auraient eu le plus besoin; la guerre avait cessé quand la fortune lui est revenue. L'État, son débiteur de tant de sommes versées dans sa caisse au nom de la Société, de tant de journées de maladies dont il lui doit le remboursement, avait remis à la paix le payement de sa dette, qui monte à plus de 1,400,000 francs. Le reste vient de pays d'outre-mer et surtout des colonies de Français, que leur commerce et leur travail ont éloignés de la mère-patrie, et qui ont voulu venir en aide à ses malheurs. Cet argent, recueilli et parti pendant la guerre, n'est arrivé qu'après qu'elle était finie. Destiné aux blessés, il aidera à rendre moins pénible l'inaction à laquelle les ont condamnés leurs blessures, et à procurer aux familles de ceux qui sont morts un peu des secours qu'elles espéraient de leurs enfants. L'examen des dépenses, la variété de leur emploi, leur chiffre élevé, prouveront que jamais la Société n'a cédé aux conseils d'une trop prudente économie; sa main n'a jamais été fermée à un besoin réel, à une demande justifiée; aucune ville, aucun comité, nous pouvons dire aucun blessé, ne l'a sollicitée en vain.

Un grand nombre de comités des départements finissent ainsi leur œuvre de guerre; ils ont beaucoup donné et beaucoup fait, et cependant, leur liquidation achevée, ils ont encore des sommes importantes qu'ils consacrent à secourir les amputés, les veuves et les orphelins de la guerre. Déjà plusieurs ont envoyé le cinquième de leur reliquat, que, suivant le texte des statuts, ils doivent au conseil central pour être employé aux travaux de la paix.

Il faut donc nous féliciter que, malgré tant de désastres, les secours aient dépassé les besoins, et qu'après de si grandes

sommes dépensées, il reste encore quelque chose pour les répa-
rations du passé et les préparations de l'avenir.

Le conseil vous propose de placer en rentes sur l'État le restant
en caisse, après le payement de toutes les dépenses de la campagne
qui vient de finir.

Le capital de ces rentes formera la réserve que doit garder la
Société pour ne pas être surprise par les événements.

En cas de guerre, il lui faut, dès le premier jour, une somme
suffisante pour secourir nos blessés, si la France prend part à la
lutte, et, si elle reste neutre, pour rendre aux nations belligérantes ce que nous venons d'en recevoir.

L'intérêt de ce capital sera employé, suivant les prescriptions
du règlement : 1° A perfectionner le matériel et les différents services de la Société;

2° A soutenir, et au besoin à fonder les œuvres qui ont pour
but le soulagement des misères et la réparation des maux que la
guerre laisse après elle.

Le conseil est déjà entré dans cette voie; il a voté dernièrement 50,000 francs pour la construction des wagons-modèles
qui, en attendant que les blessés militaires les réclament, pour-
ront servir aux chemins de fer pour transporter sans danger et
sans aggravation de souffrances les victimes d'un déraillement
ou d'un choc de deux trains.

En même temps, il accordait des subventions aux œuvres de
la banlieue et des orphelins, donnait aux sœurs hospitalières le
mobilier qu'il avait prêté à leurs ambulances, et faisait livrer,
au meilleur marché possible, à toutes ces institutions les objets
restés dans ses magasins.

La Société a consacré de plus à cet emploi charitable et répa-
rateur sa loterie de dix millions de billets, en chargeant chaque
comité sectionnaire de distribuer, dans son pays même, et aux
misères résultant de la guerre, la moitié du produit des billets
qu'il a placés.

Notre mission est donc loin d'être terminée. Après que le
canon ne se fait plus entendre, la France a beaucoup de ruines
à réparer, une lourde rançon à payer, des départements à délivrer
de la présence de l'ennemi; à nous aussi, dans le domaine de la
charité, la guerre a légué des ruines vivantes, de lourdes dettes,
des âmes à délivrer de l'oppression de la misère et de la faim.

Le conseil ne faillira pas à sa tâche; il compte sur la Société
entière pour achever dans les familles ce qui a été commencé
dans l'ambulance ou sur les champs de bataille.

En rappelant aujourd'hui ce qui a été fait par toutes les parties de notre grande association, il espère que rien ne pourra désormais rompre entre les comités et lui des liens formés par l'unité de vues, maintenus par la communauté des travaux et resserrés par le malheur.

Mais il ne se dissimule ni les lacunes ni les imperfections de notre œuvre.

La Société, si faible à son origine, a reçu tout à coup des événements des proportions gigantesques ; elle a dû agir dans un cercle immense, avec une rapidité qui excluait les longs examens et le choix des moyens ; il y a eu des erreurs nées de la surprise et de l'inexpérience, des négligences qu'une surveillance plus circonscrite aurait évitées, des dépenses que de moins impérieuses nécessités auraient permis d'épargner, ou au moins de rendre moins coûteuses. Les ambulances ne sont pas toujours arrivées à temps, tous les brassards n'ont pas été dignement portés. Dans ce réseau inextricable qui s'étendait d'une extrémité de la France à l'autre, dans ce désordre universel qui multipliait les mouvements et les directions contradictoires, quelques forces ont été perdues, quelques secours mal appliqués.

Ces imperfections, la Société sait maintenant comment les corriger ; elles profiteront à son avenir : les fautes ne sont-elles pas les principaux éléments dont se compose l'expérience de ceux qui ont beaucoup vécu et qui ont beaucoup agi ?

Mais, à côté de ces erreurs, inséparables de toute œuvre humaine et qui ont quelquefois provoqué des reproches trop sévères et des plaintes exagérées, l'opinion publique a tenu compte à la Société de tant d'obstacles surmontés, de tant de difficultés vaincues, de tant de blessures guéries, de tant de vies épargeées ; elle lui sait gré d'avoir montré, par l'unité de ses efforts, toute la puissance de l'association volontaire, et par l'action spéciale de ses comités, tous les avantages des initiatives locales et individuelles.

L'immense effort qui a été opposé à un immense désastre est la gloire et le patrimoine du pays tout entier ; la reconnaissance doit en revenir à ces hommes, à ces femmes, de tout âge, de toute condition, qui, par un élan unanime, ont donné, agi, demandé pour nos malheureux soldats, ont attaché au souvenir de la guerre elle-même un meilleur sentiment que celui de la haine et de la vengeance, et conservé à notre pays, dépouillé de tant de couronnes, l'auréole de la charité.

L'âme, le cœur de cette sainte croisade a été l'âme, le cœur de la France ; ce sera l'honneur de notre Société d'en avoir été la voix, le bras et l'instrument. Quoi qu'on ait pu dire de sa prétendue stérilité, en la suivant à chaque pas, à chaque incident de cette terrible guerre, en la trouvant toujours auprès des blessés, sur le champ du combat, dans l'ambulance, dans le wagon, dans la gare, et jusque dans leurs familles, où ses secours leur ont permis de revenir, on lui rendra cette justice, qu'en maintes circonstances son intervention a complété, souvent même remplacé l'action de l'administration succombant sous le poids des travaux et des calamités ; qu'elle a donné une impulsion et des exemples dont a largement profité le pays, et ouvert de nouvelles perspectives à la bienfaisance.

Une institution, comme la nôtre, sera donc nécessaire aussi longtemps qu'il sera utile et glorieux pour une nation d'associer les élans de la charité libre aux services de l'assistance officielle, de provoquer, de réunir, de diriger dans un but commun les bonnes volontés que leur isolement aurait paralysées, et de présenter à chaque dévouement l'occasion d'employer ses forces et ses sacrifices de la manière la plus favorable à la plus belle et à la plus noble des causes.

Quant à ceux qui ont, à quelque titre que ce soit, fait partie de cette œuvre, chefs ou soldats, directeurs ou simples ouvriers, ils se féliciteront toute leur vie d'y avoir été associés. Elle les a soutenus pendant les jours mauvais, elle les a distraits de leurs malheurs, en les occupant de celui des autres ; aujourd'hui, quand la pensée des maux dont ils ont été témoins et la crainte de n'avoir pas assez fait pour les soulager, viennent affliger et décourager leurs âmes, il y a quelque chose qui les relève et les console plus encore que les éloges, les remercîments et les récompenses, c'est l'espérance qu'au fond de quelque province lointaine, dans une demeure obscure, de pauvres soldats mutilés mêlent à leur récit de guerre le souvenir de l'œuvre à qui ils doivent la vie, et que des mères, après avoir pleuré leurs fils, prient pour ceux qui les ont sauvés.

PARIS. — IMP. ADRIEN LE CLERE, RUE CASSETTE, 29.

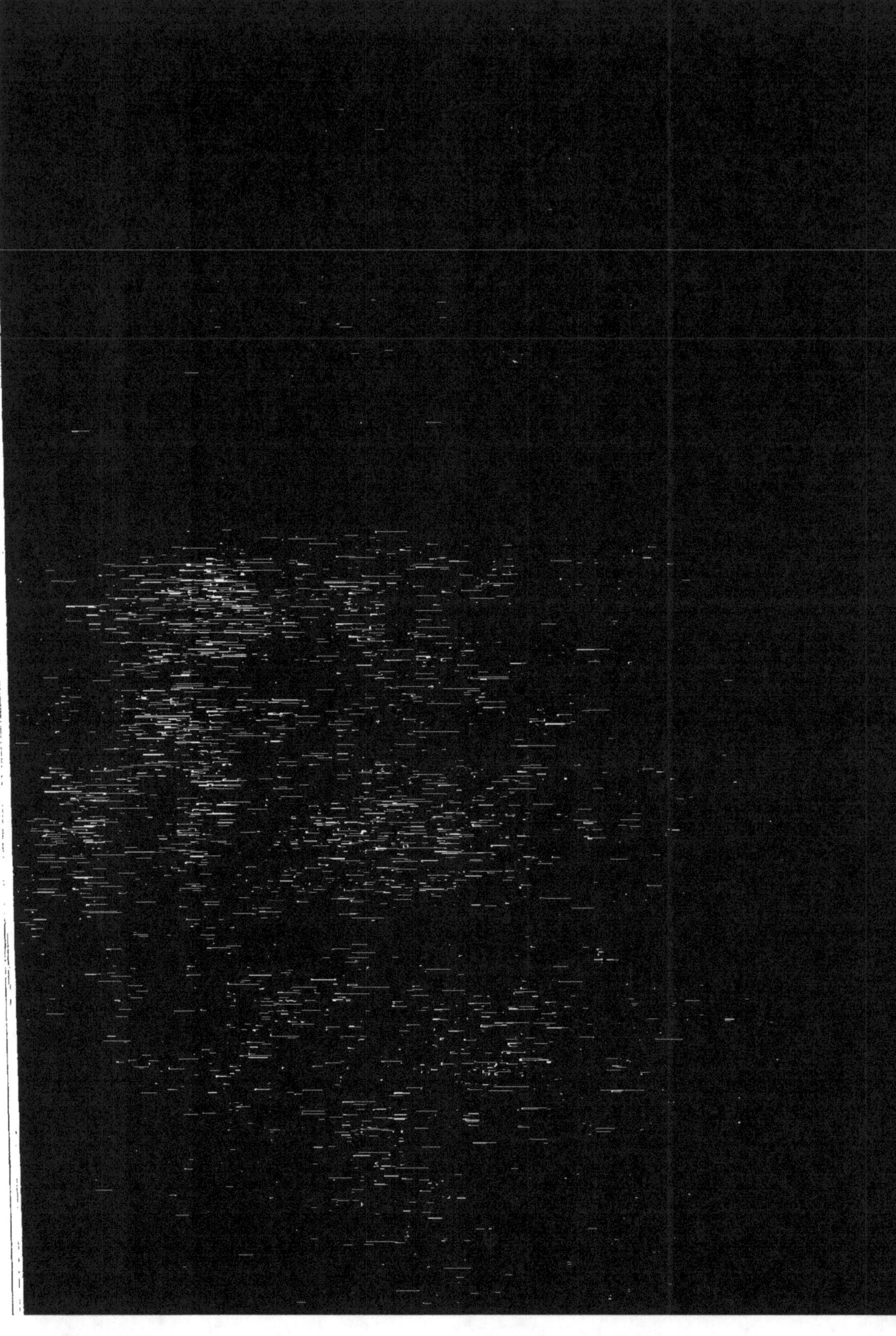